Die
Grundsätze von Treu und Glauben
und ihre Anwendung auf die
Rechtsverhältnisse des Bankverkehrs.

Von

Geh. Justizrat **Dr. E. Danz,**
ordentl. Professor der Rechte in Jena.

Veröffentlicht vom
Centralverband des Deutschen Bank- und Bankiergewerbes (E. V.).

BERLIN 1909.
J. Guttentag, Verlagsbuchhandlung,
G. m. b. H.

Vorwort.

Die vorliegende Monographie verdankt ihre Entstehung der Anregung des Centralverbandes des Deutschen Bank- und Bankiergewerbes. Sie bezweckt, für den Kaufmannsstand, insbesondere insoweit er dem Bankfach zugehört, eine Darstellung des Inhalts der §§ 157, 242 des BGB. zu geben, nach denen für die Verkehrsgeschäfte das Prinzip von „Treu und Glauben" Geltung haben soll, also vor allem klarzustellen, welche Bedeutung dieses Prinzip für die richterliche Beurteilung der Rechtsgeschäfte hat.

Hierüber soll zunächst der „allgemeine Teil" der kleinen Schrift informieren, während der „besondere Teil" versucht, an einzelnen, dem Bankverkehr entnommenen Fällen zu zeigen, wie sich in der Praxis die Anwendung dieses Prinzips gestaltet.

Da das Werk sich in der Hauptsache an Nicht-Juristen wendet, so waren einzelne Ausführungen breiter zu geben, als wenn sie lediglich für ein juristisches Publikum bestimmt gewesen wären, dagegen verüberflüssigte sich aus diesem Grunde eine ausführliche Angabe der einschlagenden Literatur.

Jena, Pfingsten 1909.

Erich Danz.

Inhalts-Verzeichnis.

Allgemeiner Teil.

Besonderer Teil.

Allgemeiner Teil.

§ 1.

Man spricht allgemein davon, daß der wirtschaftliche Verkehr jetzt dem Prinzip von Treu und Glauben unterliege, daß das Bürgerliche Gesetzbuch für das Deutsche Reich diesen Grundsatz für die Verkehrsgeschäfte durchgeführt habe.

Unter den Verkehrsgeschäften versteht man in der Hauptsache die Verträge, durch welche der Güteraustausch unter den Menschen bewirkt wird.

Derjenige, der eine Ware, der eine Arbeitsleistung, der die Benutzung einer Sache nötig hat, schließt regelmäßig mit demjenigen, der ihm diese Güter verschaffen kann, eine Vereinbarung, einen Vertrag ab, wonach der andere Teil sich verpflichtet, ihm diese Güter zu gewähren.

Hat der andere Teil ihm dann erklärt, daß er sich hierzu verpflichte, so wird vom objektiven Recht, also vom Gesetz, diese Vereinbarung in der Weise geschützt, daß, wenn der andere Teil die eingegangene Verpflichtung nicht freiwillig erfüllt, der Richter angerufen werden kann, der im Urteil zunächst feststellt, ob der Beklagte dem Kläger die Leistung, die dieser fordert, versprochen hatte, und dann ausspricht, daß der Beklagte die Leistung, zu der er sich verpflichtet hatte, zu machen habe. Wird diesem Urteil keine Folge geleistet, so steht nun dem Berechtigten der Staat mit seiner Macht zur Erzwingung der versprochenen Leistung zur Seite; es erfolgt nun auf Antrag des Berechtigten die Zwangsvollstreckung gegen den Verurteilten. Der Jurist spricht in den Fällen, wo eine Vereinbarung so beschaffen ist, daß sie Rechtsschutz erhält, wo also der Richter bei ihrem Vorliegen aussprechen muß, daß eine vom Recht geschützte Verpflichtung dadurch zur Entstehung gekommen ist, davon, es sei eine Rechtswirkung entstanden, die Vereinbarung habe eine Rechtsfolge nach sich gezogen. Der Jurist sieht in solchem Fall auf dem, mit den Sinnen nicht wahrnehmbaren Rechtsgebiete eine — ebenfalls nicht mit den Sinnen wahrnehmbare — rechtliche Forderung und rechtliche Verpflichtung durch die Vereinbarung zur Entstehung kommen.

Das Rechtsverhältnis, welches durch eine Vereinbarung, wie die eben erwähnte, zur Entstehung kommt, wodurch also die eine Partei der anderen zu einer Leistung verbunden wird oder beide Parteien gegenseitig zu Leistungen verbunden werden, heißt ein Schuldverhältnis, ein Vertrag, welcher also zu seiner Entstehung Willenserklärungen der Parteien erfordert, d. h. regelmäßig gesprochene oder geschriebene Worte. Diese Verträge sind es, welche dem Güteraustausch, dem wirtschaftlichen Verkehr der Menschen zugrunde liegen, auf ihnen basiert dieser Verkehr.

Wenn man also davon spricht, daß der wirtschaftliche Verkehr der Menschen jetzt dem Prinzip von „Treu und Glauben" unterworfen sei, so meint man damit gerade, daß, wenn es sich um solche Verträge der Menschen handelt, wenn es sich darum handelt, was der Eine aus solchem Vertrag vom Andern zu fordern berechtigt ist, dies sich richten soll nach „Treu und Glauben". Daß dies auch die Auffassung des BGB. ist, geht aus den Motiven zum I. Entwurf des Bürgerlichen Gesetzbuchs für das Deutsche Reich hervor, wo es zu § 359, aus dem später der sofort zu erwähnende § 242 BGB. entstanden ist und welcher von den Verträgen handelte, heißt, „daß der heutige Geschäftsverkehr von der Rücksicht auf Treu und Glauben beherrscht werde, und daß, wo die Ermittlung des Inhalts eines Vertrages und der einzelnen hieraus für die Parteien fließenden Verpflichtungen in Frage stehe, jene Rücksicht in erster Linie zur Richtschnur zu nehmen sei".

Der Grundsatz von Treu und Glauben findet also Anwendung bei der Festsetzung dessen, ob überhaupt die vorliegenden Willenserklärungen solche waren, welche ein Schuldverhältnis, einen Vertrag, zur Entstehung gebracht haben, und was der Inhalt des Vertrages ist, d. h. was für

Leistungen der eine Vertragskontrahent vom andern fordern kann.

Was nun die Bedeutung der Worte „Treu und Glauben" in der Sprache des Lebens betrifft, so versteht man hierunter: Vertrauen und darauf begründete Zuverlässigkeit und Ehrlichkeit, namentlich auch in Erfüllung einer Zusage; das Wort „treu" speziell bedeutet in truglosem Tun und Lassen zuverlässig sich bewährend, so daß der Trauende nicht getäuscht wird. Die jetzt in der Formel „Treu und Glauben" zusammengefaßten Worte drückten ursprünglich ein Wechselverhältnis aus, nämlich „Treue" auf seiten dessen, dem etwas anvertraut wird, und „Glaube" auf seiten des Anvertrauenden[1]). Treu und Glauben bedeutet im Leben, daß man sich auf das Wort des Anderen verlassen, dessen Worten trauen kann.

Nach dieser Bedeutung, welche die Worte „Treu und Glauben" im Leben haben, ist man geneigt, den Grundsatz von der Anwendung des Prinzips von Treu und Glauben dahin aufzufassen, daß danach das Vertrauen eines jeden der Vertragsteile geschützt werden solle; daß also jeder, der Worte mit einem Andern gewechselt hat, welche an sich einen Vertrag ergeben, auch darin geschützt werden müsse, die versprochene Vertragsleistung zu erhalten, und weiter, daß jeder Vertragsteil auch die Leistung erhalten müsse, die er nach seiner Meinung nach den gewechselten Vertragsworten verlangen kann.

Man hat zunächst hier das dunkle Gefühl, daß dieser Grundsatz ein Schutzmittel sein müsse gegen jedes trügerische Gebaren, gegen jedes Gebaren, welches darauf hinausläuft, den Vertragsgegner absichtlich zu täuschen: ein solches Gebaren soll, so meint man, von dem Gesetz keinen Schutz genießen wegen des Grundsatzes von „Treu und Glauben"; es werde derjenige, der sich aut solches Gebaren stützen wolle, vom Recht nicht geschützt.

---

[1]) Vergl. Danz, Die Auslegung der Rechtsgeschäfte, 2. Aufl., S. 122 u. dort zitierte.

Nun handelt es sich hier aber um die Bestimmung eines Begriffes, der im Bürgerlichen Gesetzbuch aufgestellt ist. Um einen solchen festzustellen, ist es aber nötig, zu erforschen, in welcher Weise das Gesetzbuch ihn auffaßt und verwertet. Denn das BGB. regelt eben — die Ausnahmen kommen hier nicht in Betracht — alle Privatrechtsverhältnisse für das Territorium des Deutschen Reiches; es regelt vor allem also die Frage, welche Voraussetzungen vorliegen müssen, damit durch Willenserklärungen ein Vertrag zustande kommt; ferner wie beschaffen sein Inhalt sein muß, um rechtlichen Schutz zu genießen, und welche Rechte und Verbindlichkeiten aus solchen Verträgen zur Entstehung kommen.

Wenn also das BGB. das Prinzip von Treu und Glauben aufstellt, so kann das auch nur in dem Sinne Geltung haben, der sich gerade aus dem Gesetzbuch ergibt; mit anderen Worten: Der Begriff muß aus dem Gesetz selbst entwickelt werden, es geht nicht an, ihn aus allgemeinen Betrachtungen zu entwickeln, die im Gesetzbuch selbst keinen Anhalt finden. Hat sich Jemand einfach mündlich für die Schuld eines Anderen verbürgt, so wird man, wenn man von der Bedeutung, den die Worte „Treu und Glauben" im Leben haben, ausgeht, annehmen, daß dadurch eine Bürgschaftsverpflichtung zur Entstehung gekommen ist; man wird sagen, daß, wenn man annehmen wollte, daß eine solche Verpflichtung nicht zur Entstehung gekommen sei, daß der Versprechende aus seinem Bürgschaftsversprechen nicht hafte, damit das Prinzip von Treu und Glauben verletzt würde. Da aber § 766 Satz 1 BGB. zur Gültigkeit eines Bürgschaftsvertrages schriftliche Erteilung der Bürgschaftserklärung erfordert, demnach aus einer bloß mündlich abgegebenen Bürgschaftserklärung keine Verbindlichkeit entstehen läßt, so zeigt sich, daß gerade für diesen Fall die Anschauung des Gesetzbuchs mit der des Lebens nicht übereinstimmt, und man daher bei der Erörterung des Prinzips von Treu und Glauben auf dem Rechtsgebiete nur einen auf diese Weise modifizierten Grundsatz von Treu und Glauben aufstellen kann. Es mag aber auch gleich hier darauf aufmerksam gemacht werden, daß das Gesetz offenbar nur aus wohlüberlegten Gründen solche Vorschriften gegeben hat, da, wenn die Bürgschaft auf der Seite des Bürgen ein Handelsgeschäft ist, eine solche Form nicht gefordert wird (§ 350 HGB.); offenbar weil man angenommen hat, daß die geschäftskundigen Kaufleute die Gefahr, welche jede Bürgschaft mit sich bringt, wohl zu übersehen vermögen, und daß demnach eine solche Schutzvorschrift, wie sie § 766 BGB. für den gewöhnlichen Verkehr gibt, um den eine Verbürgung Eingehenden zur Überlegung zu veranlassen, für Kaufleute nicht nötig ist.

Bei der Feststellung des Begriffs, den das BGB. mit den Worten „Treu und Glauben" verbindet, wird man daher auch namentlich mit im Auge zu behalten haben, worauf denn der Einzelne im Rechtsleben sich nach diesem Grundsatz des BGB. verlassen kann, in welchen Fällen das BGB. ein solches Vertrauen schützt, in welchen nicht.

§ 2.

Die wichtigsten Bestimmungen über das Prinzip von Treu und Glauben und dessen Anwendung enthalten die §§ 157, 242 BGB. Es lautet § 157:

„Verträge sind so auszulegen, wie Treu und Glauben mit Rücksicht auf die Verkehrssitte es erfordern."

§ 242, welcher sich unter der Ueberschrift „Inhalt der Schuldverhältnisse" findet, lautet:

„Der Schuldner ist verpflichtet, die Leistung so zu bewirken, wie Treu und Glauben mit Rücksicht auf die Verkehrssitte es erfordern."

Nach dem § 157 schreibt also das BGB. die Anwendung des Grundsatzes von Treu und Glauben bei der Auslegung von Verträgen vor, und es fragt sich, was man hierunter zu verstehen hat. Die Auslegung ist nun nichts anderes als die Feststellung der Bedeutung von Willenserklärungen der Menschen, die abgegeben sind, um einen Vertrag entstehen zu lassen.

Für die Auslegung der Willenserklärungen kommt weiter § 133 BGB. in Betracht:

„Bei der Auslegung einer Willenserklärung ist der wirkliche Wille zu erforschen und nicht an dem buchstäblichen Sinne des Ausdrucks zu haften.“

Eine Auslegung der Willenserklärungen der Menschen, also insbesondere der Verträge, findet nun stets statt, wenn es sich darum handelt, zu bestimmen, ob eine Leistungspflicht zustande gekommen ist, und zu welcher Leistung Jemand verpflichtet ist. Erst, wenn eine solche Auslegung stattgefunden hat, kann vom Richter festgestellt werden, ob eine Verpflichtung im konkreten Falle entstanden ist oder nicht und welche Verpflichtung.

Wenn ich gegen Jemand auf Zahlung von 100 M. klage, weil er mir erklärt hat, „er werde mir einen blauen Lappen pumpen“, so muß zuerst die Bedeutung dieser Willenserklärung, dieser Worte, feststehen, ehe ausgesprochen werden kann, ob der Erklärende mir 100 M. zu zahlen verpflichtet ist oder nicht. Es muß festgestellt werden, daß in den Kreisen der Vertragschließenden das Wort „blauer Lappen“ die Bedeutung von 100 M. hat, und weiter, daß auch die Worte „er werde mir sie pumpen“ bedeuten, daß er sich verpflichte, mir die 100 M. zu Eigentum zu übergeben, also nicht vielleicht, er wolle sich verpflichten, mir diese nur vorzuzeigen. Hätten die Worte die letztere Bedeutung, so würde eine Forderung auf Übergabe der 100 M. zu Eigentum gar nicht entstanden sein, sondern nur eine solche zum vorzeigen. Wenn umgekehrt derjenige, der mir mit den Worten: „ich will dir 100 M. pumpen“ 100 M. übergeben hatte, 100 M. von mir zurückfordert, so muß erst feststehen, daß die Bedeutung des Wortes „pumpen“ die gleiche ist, wie „als Darlehn geben“, daß das Wort nicht die Bedeutung von „schenken“ hat; denn letzteren Falls wäre wegen dieser Bedeutung des Wortes kein Zurückforderungsrecht entstanden.

Man sieht aus diesen Beispielen, daß also die Auslegung die allerwichtigste Tätigkeit des Richters beim Vorliegen von Willenserklärungen ist; daß es lediglich von der Auslegung abhängt, ob Jemand ein Recht hat, aus einem Vertrag etwas zu fordern, und was er zu fordern berechtigt ist.

In vielen Fällen tritt nun zwar diese auslegende Tätigkeit des Richters nicht so deutlich hervor, wie in dem obigen Beispiel; aber trotzdem muß der Richter stets auslegen, d. h. die Bedeutung der vorliegenden Willenserklärungen feststellen. Wenn Jemand einem Andern einen Gegenstand „verkauft", einen Gegenstand „vermietet" hat, ihm 1000 M. „als Darlehn" gegeben hat, so meint man, weil die Bedeutung dieser Worte so allgemein bekannt ist, und es demnach einer besonderen Überlegung zur Feststellung der Bedeutung im einzelnen Fall gar nicht bedarf, daß gar keine Auslegung stattfinde. Das ist aber falsch; die Auslegung ist hier nur besonders leicht, aber „ausgelegt" muß auch hier werden; denn, wenn der Richter aussprechen will, daß das „vermietete" Haus dem Mieter zur Benutzung — also z. B. nicht zu Eigentum — übergeben werden soll, so muß er erst feststellen, daß das Wort „vermieten" die Bedeutung hat, Jemandem einen Gegenstand zur Benutzung gegen Geld gewähren.

Diese Auslegung der Willenserklärung, also regelmäßig der Worte, aus denen der Vertrag besteht, soll nun nach § 157 BGB. erfolgen nach Treu und Glauben mit Rücksicht auf die Verkehrssitte; d. h. der Richter soll bei der Deutung der Willenserklärungen auch die Verkehrssitte ins Auge fassen und diese berücksichtigen.

Eine jede Verkehrssitte fällt unter den weiteren Begriff der „Gewohnheit". Während die Gewohnheit jede Art willkürlichen Handelns umfaßt, die wir uns zu eigen gemacht haben, während man unter Gewohnheit eine Regel versteht, die sich das einzelne Individuum aufgestellt hat und die in der regelmäßigen Wiederholung gleichmäßiger Handlungen durch dieses einzelne Individuum besteht, so wird sie zum Gebrauch, zur Sitte, wenn das gewohnheitsmäßige Handeln des Einzelnen dem gewohnheitsmäßigen Handeln der Gemeinschaft entspricht, der er angehört. Pflege ich regelmäßig, wenn ich einem Bekannten begegne, meinen Hut abzunehmen, so ist das eine Gewohnheit, und zwar meine Gewohnheit; nehmen alle die andern Volksgenossen oder der kleinere Kreis, dem ich angehöre, ebenfalls regelmäßig, gewöhnlich, wenn sie einem Bekannten begegnen, den Hut ab, haben sie dieselbe Gewohnheit wie ich selbst, so wird nun diese Gewohnheit zur Sitte.

Für die Rechtsgeschäfte, insbesondere für die Verträge, ist die wichtigste Verkehrssitte der allgemeine Sprachgebrauch und der Sprachgebrauch besonderer Kreise, z. B. der Kaufleute, weil die Verträge ganz regelmäßig aus in Worten abgegebenen Willenserklärungen bestehen. Der Sprachgebrauch besteht eben auch darin, daß die einer kleineren oder größeren Gemeinschaft angehörenden Personen (die Bewohner eines Staates, einer Stadt; die Kaufleute, die Studenten usw.) regelmäßig mit denselben Worten denselben Gegenstand, dieselbe Handlung usw. zu bezeichnen pflegen. Erst dadurch, daß in tausend und aber tausend Fällen regelmäßig ein bestimmter Gegenstand (Telephon, Automobil usw.) mit den gleichen Worten von einem Kreise von Personen bezeichnet wird, entwickelt sich ein Sprachgebrauch, eine Verkehrssitte auf dem Gebiete der Sprache. Die Bedeutung der Worte „kaufen“, „mieten“, „schenken“ ergibt nur der Sprachgebrauch der Allgemeinheit; was diese darunter versteht, ist die verkehrsübliche Bedeutung dieser Worte.

Da die Menschen ihren inneren Willen, damit er Anderen bekannt wird, äußern müssen und sich regelmäßig der Sprache bedienen, so kann man ihren inneren Willen, den sie durch die gebrauchten Worte erklären wollten, eben immer nur erkennen, wenn man die regelmäßige Bedeutung der Zeichen, mit denen die Gemeinschaft, der sie angehören, einen Gegenstand, Handlungen usw. zu bezeichnen pflegt, kennt; dann schließt man daraus, daß, weil regelmäßig alle anderen Mitglieder der Gemeinschaft, der der Einzelne angehört, auf diese Weise ihren inneren Willen zu erklären pflegen, der einzelne Erklärende mit den gleichen Erklärungen den gleichen inneren Willen zum Ausdruck bringen wollte.

Wenn also § 157 BGB. für Verträge vorschreibt, daß bei der Auslegung die Verkehrssitte zu berücksichtigen sei, so heißt dies, daß, falls die Verträge — wie regelmäßig —

durch Worte abgeschlossen sind, diese Worte in der gemeingewöhnlichen Bedeutung zu nehmen sind; in der dem allgemeinen Sprachgebrauch entsprechenden Bedeutung.

Handelt es sich um Verträge, die unter Kaufleuten abgeschlossen sind, so ist hier nach § 346 HGB. „in Ansehung der Bedeutung und Wirkung von Handlungen und Unterlassungen auf die im Handelsverkehre geltenden Gewohnheiten und Gebräuche Rücksicht zu nehmen.“ Hier soll also die Bedeutung der Worte angenommen werden, die der Sprachweise der Kaufleute entspricht, die in den Kreisen der Kaufleute üblich ist. Diese Vorschrift geht von dem richtigen Gedanken aus, daß, wenn die solchen Kreisen angehörenden Personen sich regelmäßig der Worte in dieser Bedeutung bedienen, um ihren inneren Willen zum Ausdruck zu bringen, auch ihr wahrer innerer Wille, den sie erklären wollten, auf die Weise am besten und sichersten festgestellt werden kann, wenn die Worte des konkreten Vertrags in dieser Bedeutung vom Richter genommen werden, nicht in der gemeingewöhnlichen. Darum sind auch für die Auslegung solcher Verträge, die zwischen Kaufleuten abgeschlossen sind, besonders wichtig die Sammlungen über Gewohnheiten und Gebräuche im Handelsverkehr, wie sie z. B. von Dove und Apt, von Riesenfeld und Anderen herausgegeben sind. Denn diese geben eben gerade Auskunft über die Sprachgewohnheiten der Kaufleute, was in deren Kreisen z. B. die Worte bedeuten: „kostenfrei Bahnhof X“, „Kasse mit 3 pCt.“, „netto Kasse“ usw., und der Richter, der aus eigner Wissenschaft nicht die Sprachweise der Kaufleute kennt, findet hierin Auskunft, wie er die zwischen Kaufleuten abgeschlossenen Verträge entsprechend § 346 HGB. nach deren Sprachgebrauch auszulegen, zu deuten hat.

§ 3.

Nach dem Ausgeführten könnte es scheinen, als ob in jedem Fall die Worte des gerade zur Entscheidung stehenden Vertrags immer in der gemeingewöhnlichen Bedeutung vom Richter zu nehmen wären, um der Vorschrift des § 157

BGB., wonach die Worte, „mit Rücksicht auf die Verkehrssitte“ zu deuten sind, nachzukommen. So steht es aber nicht.

Zunächst schreibt § 133 BGB. vor, „daß bei der Auslegung einer Willenserklärung der wirkliche Wille zu erforschen und nicht an dem buchstäblichen Sinne des Ausdrucks zu haften sei“; damit ist die sog. Buchstabeninterpretation verboten, die ohne Berücksichtigung der „Umstände des konkreten Falles“ die Worte in der gemeingewöhnlichen Bedeutung nimmt. Zu demselben Resultat führt für Verträge auch die Vorschrift des § 157 BGB., wenn sie vorschreibt, daß „mit Rücksicht auf die Verkehrssitte“ ausgelegt werden solle; denn auch der Verkehr berücksichtigt eben stets „die Umstände des Falles“, unter denen die Worte gefallen sind. Den wahren, den wirklichen Sinn erhalten die Worte stets erst durch Berücksichtigung dieser „Umstände des einzelnen Falles“, und die Kunst der Auslegung besteht gerade darin, diese stets bei der Auslegung im Auge zu behalten.

Sagt Jemand zu einem Andern: „ich verkaufe Dir meine Uhr für 100 Mark“ oder „ich will Dir 100 Mark Darlehn geben“, so ist die gemeingewöhnliche Bedeutung dieser Worte die, daß im ersten Fall der Sprechende sich dem Andern verpflichten will, ihm das Eigentum an seiner Uhr gegen eigentümliche Übertragung von 100 Mark zu übertragen; im zweiten Fall, daß er dem Andern 100 Mark zu Eigentum übertragen will gegen die Verpflichtung späterer Wiedergewährung der gleichen Summe.

Werden genau dieselben Worte zwischen zwei Schauspielern auf der Bühne gewechselt, so ergeben „die Umstände des Falles“, nämlich der Ort und die Gelegenheit der Äußerung ganz deutlich, daß hier durch die Worte keine solche Verpflichtung zur Entstehung kommen soll; daß der Redende sich damit nicht — wie nach der gemeingewöhnlichen Bedeutung der Worte — zu einer Vermögensveräußerung verpflichten will. Es entsteht also hier auch keine Rechtswirkung durch die Worte, keine rechtliche Verpflichtung; klagt der eine Schauspieler gegen den

Andern auf Grund dieses Tatbestandes, dieser Worte, so wird er daher abgewiesen.

Unter diesen „Umständen des Falles“, die in jedem Fall bei der Auslegung zu berücksichtigen sind, spielt auch eine hervorragende Rolle der wirtschaftliche Zweck, den die Parteien mit dem Abschluß des Vertrags verfolgen. Auch dieser gibt demselben Worte in dem einen Fall eine ganz andere Bedeutung als in dem anderen: „leihe“ ich mir von einem Bekannten zu einem Mittagsessen dessen Silberzeug, so bedeutet das Wort „leihen“ hier, daß ich die unentgeltliche Benutzung des Silberzeugs von ihm haben will. Gibt er mir das Silberzeug, so erhalte ich daher nur das Recht zur Benutzung; veräußere ich das Silberzeug, so mache ich mich einer Unterschlagung schuldig, weil ich ein Recht zur Veräußerung, wie es der Eigentümer einer Sache hat, nicht durch den Vertrag erlangt habe.

„Leihe“ ich mir von dem Bekannten 100 Mark und erhalte ich von ihm die Summe, so erhalte ich hier nicht bloß das Recht der Benutzung, nicht bloß die Befugnis, die Geldstücke vielleicht in meinem Ladenfenster auszulegen, sondern ein viel weitergehendes Recht, nämlich das Eigentum an den Geldstücken. Veräußere ich also die Geldstücke, d. h. gebe ich sie aus, tausche sie gegen andere Güter um, so begehe ich keine Unterschlagung, weil der Eigentümer einer Sache das Recht hat, mit der Sache zu machen, was er will, namentlich auch sie zu veräußern. Der Grund, warum hier das Wort „leihen“ eine ganz andere Bedeutung hat, als im ersten Fall, liegt darin, daß der erkennbare wirtschaftliche Zweck, der regelmäßig mit dem „Entleihen“ von Geld verfolgt wird, der ist, daß der Entleiher das Geld veräußert, ausgibt, gegen andere Vermögenswerte umtauscht; dieses Recht hat nur der Eigentümer einer Sache. Die Worte, die ich einem andern gegenüber äußere: „leihe mir 100 Mark“ haben deshalb genau die Bedeutung, als hätte ich gesagt: „ich bitte Dich, mir 100 Mark zu Eigentum zu übergeben“ und weiter, da das Wort „leihen“ nur ein zeitweiliges Innehaben einer Sache bedeutet: „gegen meine Verpflichtung, Dir die 100 Mark zurückzugeben“. Übergibt mir jetzt der Andere die 100 Mark, so werde ich wegen dieser Vereinbarung Eigentümer der Geldstücke, habe aber die Verpflichtung, die gleiche Summe zurückzuerstatten.

„Leiht" Jemand ein Buch vom Leihbibliothekar, so erhält er — eben wegen des erkennbaren regelmäßigen wirtschaftlichen Zweckes des Entleihens von Büchern — nur das Recht der Benutzung, aber gegen Entgelt, während er, wenn er dasselbe Buch von einem Freunde „leiht", ebenfalls das Recht der Benutzung, aber unentgeltlich erhält. Auch hier sind es „die Umstände des konkreten Falles", welche die Änderung in der Bedeutung des Wortes „leihen" bewirken: bei dem Leihbibliothekar „spricht" das Schild am Laden deutlich erkennbar für die Eintretenden, daß hier nur Bücher gegen ein bestimmtes Entgelt verliehen werden. Der Leihbibliothekar hat daher nicht nötig, dies noch jedem Eintretenden ausdrücklich zu erklären, ebensowenig wie der Restaurateur eine solche Pflicht den Gästen gegenüber hat, weil eben auch hier das Schild „Restauration" eine genügend deutliche Sprache spricht, daß hier nur gegen Geld Waren geliefert werden.

Auch Worte, deren Bedeutung man geneigt ist, für ganz zweifellos zu halten, wechseln durch den wirtschaftlichen Zweck, der mit der Willenserklärung verfolgt wird, ihre gemeingewöhnliche Bedeutung: einer Bank hat ein Bauunternehmer, der mit ihr in Verbindung steht, eine hypothekarische Forderung verpfändet „zur Sicherung für alle Forderungen, welche der Bank gegen ihn zustehen und in Zukunft zustehen werden". Es fragt sich im Prozeß, ob das Pfand auch für Forderungen Dritter gegen den Bauunternehmer, welche die Bank angekauft hatte, haften. Aus dem wirtschaftlichen Begriffe des gedeckten Kredits und dem Zwecke, der hiermit verfolgt wird, wurde geschlossen, daß die Verpfändung sich nicht mit auf die aufgekauften Forderungen erstrecke[1]).

Man sieht also, daß die „verkehrsübliche" Bedeutung einer Willenserklärung nicht in der gemeingewöhnlichen Bedeutung der Worte, aus denen die vorliegende Willens-

---

[1]) Entsch. RG. Bd. 18, S. 232.

erklärung gebildet wird, besteht, sondern in der Bedeutung, welche die Worte gerade in dem konkret vorliegenden Falle, und zwar bei genauer Beachtung der „Umstände des Falles" ergeben.

Für die Feststellung der „verkehrsüblichen" Bedeutung der Worte kommt aber noch folgendes bei Verträgen, d. h. bei den Verkehrsgeschäften in Betracht: es sind hierbei von den „Umständen des Falles" nur diejenigen zu beachten, welche dem Gegner, diesen als verständigen Mann gedacht, erkennbar waren; ob er sie wirklich erkannt hat im einzelnen Falle, ist hierfür gleichgültig. Ebenso ist es gleichgültig, ob der einzelne die Bedeutung der Worte, die er dem Andern gegenüber gebrauchte, gekannt hat oder nicht. Denn diese Bedeutung wird durch die Verkehrsübung der Allgemeinheit oder bestimmter Kreise geschaffen und festgelegt; sie ändert sich nicht dadurch, daß der einzelne glaubt, ihre Bedeutung sei eine andere, und sich deshalb ihrer zum Ausdruck seines Willens bedient.

Bei Verträgen, bei Rechtsgeschäften unter Lebenden wäre ein geregelter und gesicherter Verkehr ja gar nicht möglich, wenn die persönliche Meinung des Vertragsgegners über die Bedeutung der von ihm gebrauchten Worte maßgebend für die Auslegung, für deren Bedeutung, sein sollte. Hat der eine Vertragschließende sich geirrt über die verkehrsübliche Bedeutung der von ihm abgegebenen Willenserklärung, hat er dem Gegner 1000 Kilo Ware zu einem bestimmten Preis verkauft in der Meinung, das Wort „Kilo" habe die gleiche Bedeutung wie „Pfund", so kommt trotzdem ein Vertrag entsprechend der verkehrsüblichen Bedeutung des Wortes „Kilo" zustande, er wird zur Lieferung von 1000 Kilo durch seine Willenserklärung verpflichtet; nur kann er solchen Vertrag unter besonderen Voraussetzungen anfechten und dadurch wieder umstoßen. Er wird aber dann dem Gegner regelmäßig schadensersatzpflichtig (§§ 119, 122 BGB.). Es kann eben jede Vertragspartei nur verlangen, daß ihre Willensäußerung von der anderen Partei so aufgefaßt wird, wie sie nach den, dem Gegner erkennbaren Umständen des Falles verkehrsüblich zu deuten ist; will eine Partei dies nicht, so muß sie dies ausdrücklich der anderen Partei zu erkennen geben; will in dem oben S. 18 angeführten Beispiel derjenige, der beim Leihbibliothekar ein Buch leiht, keine Leihgebühr zahlen, so muß er dies vor Abschluß des Vertrags dem Leihbibliothekar sagen, sonst kommt ein entgeltlicher Vertrag zustande.

Es mag auch noch darauf aufmerksam gemacht werden, daß eine Willenserklärung auch in einem Stillschweigen in besonderer Situation bestehen kann: dulde ich stillschweigend, daß mein danebenstehender Freund für mich in meinem Namen im Hotel Speisen und Getränke bestellt, so hat dieses Stillschweigen verkehrsüblich die Bedeutung einer Bevollmächtigung zum Abschluß dieser Kaufverträge: ich werde also berechtigt und zum Zahlen verpflichtet, nicht mein Freund. Es ist auch hier, weil eben die verkehrsübliche Bedeutung des Schweigens unter diesen Umständen eine Bevollmächtigung des Freundes ist, ganz gleich, ob ich die Bedeutung dieser Verkehrssitte kenne oder nicht; es verhält sich hier ebenso wie mit der Hauptverkehrssitte, dem allgemeinen Sprachgebrauch. Denn auch bei diesem werden, wie oben gezeigt S. 19 die Worte in der verkehrsüblichen Bedeutung genommen und rufen den dieser Bedeutung entsprechenden Rechtserfolg hervor, auch wenn der Erklärende diese Bedeutung nicht kannte, sich darüber im Irrtum befand (§ 119 BGB.).

Wenn man übrigens von einer stillschweigenden Willenserklärung, von einem stillschweigenden Vertrag, von einer stillschweigenden Vereinbarung — eine schlechte Übersetzung der tacita conventio der Römer — spricht, so ist dies eine irreführende Ausdrucksweise, weil man dadurch zu der Anschauung verleitet wird, als könne einfach dadurch, daß zwei Menschen sich stillschweigend gegenüberstehen, ein Vertrag oder eine Vereinbarung zustande kommen. In allen solchen Fällen liegt vielmehr ein bestimmtes Verhalten der Menschen in einer bestimmten Situation vor, bei welcher keine Worte gebraucht werden, welches aber von der Allgemeinheit, vom Verkehr trotzdem als Willenserklärung aufgefaßt, gedeutet wird, genau so, als hätten die Parteien

Worte gebraucht, um ihren Willen auszudrücken. So faßt im obigen Beispiel die Allgemeinheit mein (stillschweigendes, wortloses) Verhalten gerade in dieser konkreten Situation so auf, als hätte ich zu dem Wirte gesagt: „Ich bevollmächtige meinen Freund zu dieser Bestellung"; und weil lediglich die Allgemeinheit bestimmt, was eine Willenserklärung ist und welche Bedeutung sie hat, so habe ich also in diesem Fall diese Erklärung abgegeben — nur nicht mit Worten.

Man wird also statt von einer stillschweigenden Willenserklärung besser von einer Willenserklärung ohne Worte sprechen, d. h. von einer solchen, die nur nicht in Worten zum Ausdruck gekommen ist, sondern auf andere, von der Allgemeinheit als Erklärung des Willens aufgefaßte Art und Weise.

§ 4.

Wenn die Vorschrift des § 157 BGB. fordert, daß ein Vertrag ausgelegt wird nach Treu und Glauben mit Rücksicht auf die Verkehrssitte, und die Vorschrift des § 242 BGB., daß der Inhalt eines Vertrages sich bestimmen soll nach Treu und Glauben mit Rücksicht auf die Verkehrssitte, so führen diese beiden Vorschriften zu ganz gleichem Resultat. Die erste Vorschrift wendet sich nur an den Richter, der ja die Auslegung vornimmt, die zweite an die Parteien und sagt ihnen, was nach dem Gesetz aus ihren Willenserklärungen für ein Rechtserfolg herbeigeführt worden ist, was die eine Partei von der anderen von Rechts wegen fordern kann. Hat der Richter im Wege der Auslegung, durch die Deutung der Vertragsworte: „ich vermiete Dir diese Wohnung" festgestellt, daß sich der Erklärende hierdurch verpflichten wollte, dem Vertragsgegner die Wohnung zur Benutzung zu überlassen, so muß er nun im Urteil, in welchem der Erklärende zur Überlassung der Wohnung zur Benutzung verurteilt wird, natürlich aussprechen, daß gerade diese Verpflichtung durch die Vertragsworte zur Entstehung gekommen ist. Wollen die Parteien wissen, was für eine Verpflichtung aus den Vertragsworten entstanden ist, so kommen sie natürlich auf Grund von § 242 BGB. zu demselben Resultat, denn sie müssen, um das Resultat zu finden, eben auch feststellen, was der Eine vom Andern bei Beurteilung des Tatbestandes nach Treu und Glauben mit Rücksicht auf die Verkehrssitte zu fordern haben würde.

Was nun speziell den Begriff von „Treu und Glauben", betrifft, wie er sich aus dem Gesetzbuch ergibt — denn nur der hieraus genommene Begriff ist maßgebend für den Richter — so ergibt schon die nahe Verbindung, in welche die Worte „Treu und Glauben" mit der „Verkehrssitte" in den §§ 157, 242 BGB. gebracht sind, daß die „Verkehrssitte" bei der Bestimmung des Begriffs eine wesentliche Rolle spielt.

Jedenfalls kann nicht jeder Richter einfach nach seiner subjektiven Meinung über das urteilen, was Treu und Glauben im einzelnen konkreten Fall erfordern, der zur Entscheidung steht, sondern er muß sich einen objektiven Maßstab bilden, nach dem er im einzelnen Fall bemißt, was Treu und Glauben erfordern. Es liegt nicht anders, als wenn der Richter beurteilen soll, ob im einzelnen Fall eine Fahrlässigkeit der Partei vorliegt oder nicht: nach § 276 BGB. haftet regelmäßig jeder, der in einem Schuldverhältnis steht, für Fahrlässigkeit; das heißt: kann er die Verpflichtung, die ihm aus dem Schuldverhältnis obliegt, nicht erfüllen, und liegt diesem Nichtkönnen eine Fahrlässigkeit auf seiner Seite zugrunde, so muß er den Anderen in Geld entschädigen. „Fahrlässig handelt" aber nach § 276 BGB., „wer die im Verkehr erforderliche Sorgfalt außer Acht läßt"; der Richter muß sich hier, wenn er festzustellen hat, ob im konkreten Falle eine Fahrlässigkeit der einen Partei vorliegt, aus der Erfahrung des Lebens, die ihm sagt, wie sorgsam in der Regel, verkehrsüblich, ein vernünftiger Mann in gleicher Lage verfährt, einen Maßstab bilden, an dem er ermessen kann, ob im konkreten Fall eine Fahrlässigkeit vorliegt oder nicht. Er hat also nicht, wenn er selbst ein Pedant und von übermäßiger Sorgsamkeit ist, sein eigenes Verhalten als Maßstab zu nehmen.

Ebenso liegt es bei der Bestimmung, ob gegen Treu und Glauben im einzelnen Fall verstoßen werden würde; auch dies kann der Richter nur ermessen, wenn er weiß, wie die

Menschen regelmäßig, gewöhnlich, verkehrsüblich unter gleichen Verhältnissen zu handeln pflegen. Hiervon sind auch die Römer ausgegangen; wie es denn in 1. 31 § 20 D. de aedil. edicto 21,1 heißt: ea enim quae sunt moris et consuetudinis, in bonae fidei judiciis venire debent, d. h. daß bei den nach guter Treue zu behandelnden Verkehrsgeschäften der Richter die Verkehrsgewohnheiten zur Richtschnur bei seinem Urteil nehmen soll. Ähnlich sagt auch das Reichsoberhandelsgericht (Entsch. Bd. 3, S. 3): Treu und Glauben verbieten, das Gewöhnliche oder allgemein Gewollte (d. h. das, was die Allgemeinheit bei dem gleichen Falle als gewollt annimmt, im Gegensatz zu der Ansicht des Einzelnen) ohne klaren Ausschluß für nicht gewollt zu halten.

Das Prinzip von Treu und Glauben schützt also — wenn es sich um die Bedeutung der Vertragsworte handelt — nicht die subjektive Meinung der einen Vertragspartei über die Bedeutung der gewechselten Vertragsworte, sondern nur den Glauben, das Vertrauen auf die verkehrsübliche Bedeutung der Worte; darauf, daß der dieser Bedeutung entsprechende Rechtserfolg durch die Vertragsworte hervorgerufen worden sei. Habe ich eine Sache „gemietet" und glaube, daß die Bedeutung des Wortes die sei, daß der Gegner mir das Eigentum an der vermieteten Sache gewähren müsse, so wird dieser mein Glaube nicht geschützt, d. h. es entsteht für den Gegner nicht diese Verpflichtung, sondern nur die, der verkehrsüblichen Bedeutung der Worte entsprechende Verpflichtung, mir die Benutzung der Sache zu gewähren.

Der § 119 BGB. spricht dies noch ausdrücklich aus, indem er einem Irrtum über die Bedeutung der Worte keine Bedeutung auf die Rechtsfolge gewährt: es entsteht auch wenn die eine Partei sich über die Bedeutung der Worte geirrt hat, doch ein Vertrag, und zwar ein solcher, der der verkehrsüblichen Bedeutung der Worte entspricht.

Bemerkt mag noch werden, daß diese der verkehrsüblichen Bedeutung entsprechende Rechtsfolge natürlich nicht eintritt, wenn die Parteien einverstanden waren, daß die von ihnen gewählten Worte einen anderen Sinn haben sollten; denn die Parteien sind in der Wahl der Ausdrucksmittel ihres Willens in keiner Weise gebunden: habe ich mit dem Gegner ausgemacht, daß in dem Kaufvertrag, den wir abschließen wollen, eine Mark einen Taler bedeuten solle, so gilt eben, wenn der Kaufpreis auf 3000 M. festgesetzt ist, als Kaufpreis 9000 M.

Weil aber regelmäßig die Willenserklärung — mag sie aus Worten oder aus einem bestimmten Verhalten bestehen — in der verkehrsüblichen Bedeutung zu nehmen ist, tritt eine andere Bedeutung derselben nur dann für den konkreten Fall ein, wenn vor Abschluß des Vertrags der eine Teil sich dahin erklärt hat, daß er den betreffenden Worten eine andere Bedeutung beimesse und daraufhin — ohne dem zu widersprechen — der andere Teil den Vertrag abgeschlossen hat. Ist es Verkehrssitte, daß der Geselle eines Spenglers, den dieser zu einem Kunden zwecks Ausführung einer bestellten Arbeit sendet, als ermächtigt gilt, ähnliche Arbeiten von unbedeutendem Umfange ohne besondere Ermächtigung des Prinzipals für ihn zu übernehmen und auszuführen, so haftet der Prinzipal, wenn seinem Gesellen von dem Kunden noch eine solche Arbeit aufgetragen und durch die schlechte Arbeit des Gesellen ein Schaden entstanden ist; will dies der Prinzipal nicht, so muß er dem Kunden vorher sagen, daß sein Geselle hierzu nicht ermächtigt ist. So ist mit Recht ein Meister, dessen Geselle von ihm mit der Legung einer Gaskochleitung beauftragt war und, vom Kunden mit der Abnahme einer alten Gasrohrleitung beauftragt, dabei Schaden angerichtet hatte, zum Schadenersatz verurteilt worden. (Seufferts Archiv, Bd. 59, S. 310 ff.)

Dies gilt auch, wenn die Verkehrsübung dahin geht, daß dem Stillschweigen unter besonderen Fällen von der Verkehrsübung eine besondere Bedeutung zugelegt wird, z. B. dem Stillschweigen auf erhaltene Konto-Auszüge die Bedeutung der Genehmigung[1]); derjenige, der einen Konto-Auszug

---

[1]) Vergl. hierzu Staub's Kommentar z. HGB., 8. Aufl., § 355, Anm. 26.

erhält, muß also dem Gegner erklären, daß er ihn nicht für richtig anerkenne, sonst gilt sein Schweigen so, als hätte er ihn ausdrücklich anerkannt. Solche Deutung, solche Auslegung erfordert das Prinzip von Treu und Glauben, wie es für die Auslegung der Willenserklärungen im BGB. vorgeschrieben ist: weil verkehrsüblich das Schweigen gerade unter den vorliegenden Umständen als Anerkennung gilt, so muß der Richter das Schweigen als eine Anerkennungserklärung auslegen, weil sonst sein Urteil gegen Treu und Glauben verstoßen würde. Denn weil diese Bedeutung des Schweigens in solchem Falle verkehrsüblich ist, weil die Allgemeinheit das Schweigen hier als Anerkennungserklärung auffaßt, und deshalb Jedermann darauf „vertraut", „glaubt", daß der Gegner hier durch sein Schweigen solche Erklärung abgegeben hat, so würde dieses gerechtfertigte Vertrauen („Treu und Glauben") verletzt, wenn der Richter anders entscheiden würde; wenn er entscheiden würde: weil der Gegner keine Erklärung in Worten abgegeben hat, so liegt überhaupt keirre Erklärung auf die Übersendung des Konto-Auszuges vor, und daher ist dieser auch vom Gegner nicht anerkannt.

§ 5.

Das Prinzip der Auslegung der Verträge nach Treu und Glauben mit Rücksicht auf die Verkehrssitte ist weiter besonders wichtig für die Ergänzung der Verträge.

Ganz regelmäßig werden beim Abschluß von Verträgen nur die Hauptleistungen festgesetzt; es werden eine Menge von Rechten und Verpflichtungen, die sich einmal aus dem einzelnen abgeschlossenen Vertrag entwickeln können, nicht im Vertrag ausdrücklich geordnet. Vielfach ist das überhaupt ganz unmöglich, da eben die Parteien gar nicht in der Lage sind, die verschiedenen Gestaltungen, die sich aus dem Vertrag möglicherweise entwickeln, zu überschauen, und es darum auch für sie gar nicht möglich ist, Bestimmungen über das, was in solchem Fall zwischen ihnen gelten soll, im voraus zu treffen.

Millionen von Kaufverträgen, von Mietverträgen usw. usw. werden täglich geschlossen, in denen bloß Kaufpreis und Ware, Mietzins und der Gegenstand der Vermietung bestimmt sind. Stellt sich dann bei der Erfüllung heraus, daß die Ware oder der Mietgegenstand fehlerhaft sind, will der Käufer, der Mieter deshalb den gekauften, gemieteten Gegenstand nicht behalten oder will er nicht den vollen Kaufpreis, den vollen Mietzins zahlen, so muß hierüber entschieden werden, obgleich der Vertrag selbst hierüber gar keine Bestimmung enthält, obgleich er in dieser Beziehung lückenhaft ist.

Für die Verträge des täglichen Lebens sind nun im Gesetz eine Menge von Vorschriften getroffen, welche bezwecken, diese nicht ausdrücklich von den Parteien geordneten Fälle zu entscheiden und damit den lückenhaften Vertrag zu ergänzen. Man nennt solche Vorschriften wegen dieses Zweckes, den sie verfolgen, daher ergänzende Vorschriften. So sind auch für die oben angeführten Beispiele solche ergänzende Vorschriften im Bürgerlichen Gesetzbuch (§§ 459, 462, 463, 537, 538, 542) getroffen, welche bestimmen, welche Rechte beim Vorliegen eines solchen Tatbestandes dem Käufer, dem Abmieter zustehen sollen.

Alle solche Bestimmungen sind nun nicht vom Gesetzgeber frei ersonnen, sondern es sind Verkehrsübungen, nach denen schon bisher gelebt worden ist, die nur im Gesetz schriftlich fixiert worden sind; das, was die Menschen in solchen Fällen bisher schon freiwillig, regelmäßig, verkehrsüblich geleistet haben, das ist nun im Gesetz als Leistungspflicht für solche Fälle, wo nichts vertragsmäßig von den Parteien bestimmt ist, festgesetzt.

Weil diese gesetzlichen Bestimmungen nur den Zweck haben, Lücken im Vertrag auszufüllen, so kommen sie dann nicht zur Anwendung, wenn im Vertrag gerade für den Fall, den die gesetzliche Bestimmung ordnet, etwas bereits im Vertrag bestimmt ist: hat der Käufer mit dem Verkäufer vereinbart, daß, wenn die gekaufte Ware fehlerhaft ist, der Käufer nicht das sog. Wandelungsrecht (§ 462 BGB.), d. h. das Recht, die Ware gegen Rückgabe des Preises zurückzugeben, haben solle, so kommt in diesem Fall § 462 BGB. nicht zur Anwendung.

Nun ist schon früher ausgeführt, daß bei der Auslegung, der Deutung der Willenserklärungen, also namentlich der Vertragsworte, diese in dem verkehrsüblichen Sinne zu deuten sind; daß nach dem Gesetz als erklärt das gilt, was sich bei solcher Auslegung als der Sinn der abgegebenen Willenserklärung ergibt.

Hat sich daher eine bestimmte Verkehrsübung gebildet, bei deren Beachtung die Auslegung der vorliegenden Willenserklärung den Sinn ergibt, daß dadurch etwas Anderes, als die ergänzende gesetzliche Vorschrift vorschreibt, zwischen den Parteien gelten soll, so kommt auch hier die gesetzliche Vorschrift nicht in Anwendung. Haben die Parteien in Amsterdam einen Kauf über schwimmende Baumwolle „good fair" abgeschlossen, und gilt in Amsterdam die Usance, daß der Käufer bei solchem Abschluß, wenn sich zeigt, daß die Baumwolle von geringerer Qualität ist, als beim Kaufabschluß angenommen war, kein Rücktrittsrecht, sondern nur ein Recht auf Minderung des Kaufpreises hat, so kann er das ihm nach § 462 BGB. zustehende sog. Wandelungsrecht nicht geltend machen, er kann keine Rückgängigmachung des Kaufs fordern (Entsch. ROHG., Bd. 7, S. 1).

In den Auslegungsvorschriften, welche das BGB. in den §§ 186 ff. auch für Rechtsgeschäfte, also Verträge, gibt, wird bestimmt, daß bei Fristbestimmungen der erste Tag nicht mit in die Frist eingerechnet wird: habe ich heute (Mittwoch) Jemandem ein Darlehn gegeben, rückzahlbar in 7 Tagen, so hat der Darlehnsnehmer noch den ganzen Mittwoch der nächsten Woche zur Rückzahlung, also tatsächlich mehr als 7 × 24 Stunden Zeit zur Rückzahlung. Ist es, wie in vielen Gegenden Deutschlands „Verkehrssitte", daß man mit den Worten „heute in 8 Tagen" den entsprechenden Tag der nächsten Woche versteht, und habe ich, da ich in dieser Gegend wohne, das Darlehn mit den Worten „rückzahlbar heute in 8 Tagen" gegeben, so ist ebenfalls am Mittwoch der nächsten Woche, nicht erst — wie es bei Anwendung der

Vorschrift des BGB. der Fall wäre — am Donnerstag der nächsten Woche[1]) der Rückzahlungstag.

Auch hier würde, wollte man anders entscheiden, das Prinzip von Treu und Glauben verletzt werden, wonach sich der Einzelne darauf verlassen kann, daß die gewechselten Willenserklärungen in der verkehrsüblichen Bedeutung genommen werden, und daß demnach die dieser Bedeutung entsprechende Rechtsfolge eintritt.

Nun ist es aber auch für den Gesetzgeber nicht möglich, alle Gestaltungen, die sich aus einem Vertrag ergeben, zu ordnen; einmal weil auch er sie nicht übersehen kann, weil erst das Leben, die Erfahrung des Lebens diese Gestaltungen ergiebt, und dann, weil die gesetzlichen Bestimmungen sich damit so massenhaft vermehren würden, daß sie nicht mehr zu übersehen wären. Auch hier kommt wieder das Prinzip von Treu und Glauben unter Berücksichtigung der Verkehrssitte zur Geltung: die Lücken des Vertrags, die nicht durch solche ergänzende gesetzliche Bestimmungen ausgefüllt werden, werden ausgefüllt durch die „Verkehrssitte", d. h. das, was „verkehrsüblich", was in gleichen Fällen regelmäßig freiwillig geleistet zu werden pflegt, das muß nach § 242 BGB. von den Parteien in dem einzelnen Fall gewährt, geleistet werden, in welchem nichts für den vorliegenden Fall vereinbart ist.

Es werden eine Unmenge von Mietverträgen abgeschlossen, aus denen dann der Vermieter wegen einer ganzen Anzahl von Verbindlichkeiten in Anspruch genommen wird, obwohl diese nicht im Vertrag ausdrücklich festgesetzt sind und obwohl es auch im Gesetz an Bestimmungen hierüber fehlt: Derjenige, der einen Raum zum Bewohnen gemietet hat, will Nägel einschlagen, um Bilder aufzuhängen, er will Steinkohlen in dem parkettierten Zimmer aufstapeln; der Arzt, die Hebamme, die eine Wohnung, der Kaufmann, der einen Laden gemietet hat, wollen ein Schild, die beiden ersteren eine Nachtklingel am Haus anbringen, wozu Durchbohrung der Hausmauer erforderlich ist — in allen Fällen ist nichts

---

[1]) Ebenso trotz § 359, Abs. 2 HGB., auch für Handelsgeschäfte. Staub, Kommentar, 8. Aufl., § 359, Anm. 2.

hierüber vereinbart. Wonach ist nun festzustellen, ob der Vermieter alles dies gewähren muß oder nicht?

Auch hierfür bietet den Maßstab für die Verpflichtung zu den geforderten Leistungen die „Verkehrssitte"; es kann nur gefordert werden, es muß auf der andern Seite geleistet werden das „Verkehrsübliche". Nur dadurch, daß dies geschieht, wird das Prinzip von Treu und Glauben aufrecht erhalten, d. h. das Vertrauen gerade darauf, daß das Verkehrsübliche geleistet wird, wenn nichts anderes vereinbart ist. Deshalb hat der Vermieter das Einschlagen der Nägel, das Anbringen des Schildes und der Nachtklingel zu gestatten, dagegen nicht das Aufstapeln der Kohlen im Wohnzimmer. Es ist aber auch hier wieder darauf aufmerksam zu machen, daß der Verkehr eben stets die erkennbaren wirtschaftlichen Zwecke beachtet bei der Deutung der Willenserklärungen, und daß dementsprechend auch die verkehrsüblichen Einzelverpflichtungen sich gestalten: hat Jemand einen Raum zum Bewohnen gemietet, so hat er nicht das Recht, vom Vermieter zu verlangen, daß dieser die Benutzung des Raumes zum Aufstapeln von Kohlen gestattet; anders wenn ein Raum als Niederlage gemietet war.

Die Verkehrsübungen ändern sich aber im Laufe der Zeit; es entstehen neue, alte vergehen; weil nun das Prinzip von Treu und Glauben den Schutz des auf das Verkehrsübliche Vertrauenden bezweckt, und der danach urteilende Richter stets auf das gerade zu seiner Zeit Verkehrsübliche erkennen muß, so hat dieses Prinzip die wichtige Folge, daß die ergänzenden Bestimmungen über den Inhalt der Verträge, die das BGB. gibt, nicht veralten können, und die Entscheidungen auch immer dem Rechtsgefühl des Volkes, welches sich eben auch daraus bildet, daß die Einzelnen sehen, wie bei gleichen Verhältnissen das Gleiche geleistet wird, entsprechen werden. Dieses Rechtsgefühl ist auch nicht bei allen Menschen das Gleiche, weil es sich stets nach dem Verkehrsüblichen richtet, und dieses in verschiedenen Volkskreisen, in verschiedenen Territorien vielfach verschieden ist: der Norddeutsche, dem im Restaurant das Brot zu der warmen Speise ohne besonderes Entgelt geliefert wird, fühlt sein Rechtsgefühl verletzt, wenn er in Süddeutschland, wo eine andere Verkehrssitte herrscht, dafür bezahlen soll; er fühlt sein Rechtsgefühl verletzt, wenn er in den Rheinlanden eine Wohnung gemietet hat und für die Öfen sorgen soll, weil in Norddeutschland die Verkehrssitte herrscht, daß der Vermieter die Öfen stellt. Die jetzt in den Rheinlanden herrschende Verkehrssitte wird sich ändern und damit auch das Rechtsgefühl, wenn die Wohnungen dort sämtlich mit Zentralheizungen versehen sein werden.

Für die Entstehung neuer Verkehrssitten findet sich ein gutes Beispiel in einer Entscheidung des Reichsgerichts aus dem Jahre 1896. (Entsch. RG., Bd. 37, S. 212 ff.) Der Herausgeber und Drucker einer Zeitung in einer Stadt in Ostpreußen verlangte von dem Vermieter, von dem er ein Haus zum Zwecke der Herausgabe und des Druckes der Zeitung gemietet hatte, daß dieser ihm gestatte, eine Telephonanlage anzubringen und zu diesem Zweck die Mauer des Hauses zu durchbrechen. Das Reichsgericht entschied damals, daß es darauf ankomme, ob das Zeitungsunternehmen ein größeres sei oder nicht; nur im ersteren Fall sollte der Vermieter die Verpflichtung haben, die Anlage zu dulden. Jetzt wird man als „verkehrsüblich“ anzunehmen haben, daß auch kleinere solche Unternehmungen ein Telephon haben, und deshalb wird auch bei solchen diese Verpflichtung des Vermieters zur Duldung der Anlage anerkannt werden müssen. Wird es in späterer Zeit in bestimmten Städten vielleicht verkehrsüblich, daß alle, die ein offenes Verkaufsgeschäft betreiben, eine Telephonanlage haben, so wird eine entsprechende Verpflichtung des Vermieters auch hier eintreten. Im Übrigen zeigen diese Beispiele, wie schwer es ist, festzustellen, ob im einzelnen Fall eine wirkliche Verkehrssitte sich bereits gebildet hat oder nicht, und daß hierüber die Meinungen geteilt sein können, während der Richter sich bestimmt im einzelnen Fall über das Vorhanden- oder Nichtvorhandensein einer solchen auszusprechen hat.

Alles das gilt aber nur — und dies ist immer im Auge zu behalten — wenn die Parteien nichts Anderes vereinbart haben; denn nur bei Lücken im Vertrag tritt die verkehrsübliche Leistung in die Lücke ein.

§ 6.

Nach dem oben Ausgeführten enthält die Vorschrift des § 157 BGB., daß die Auslegung der Verträge „nach Treu und Glauben" zu erfolgen habe, und die des § 242 BGB., daß der Inhalt der Verträge nach „Treu und Glauben" festgestellt werden solle, die Anweisung, die Verträge nach der verkehrsüblichen Bedeutung der Willenserklärung auszulegen und als Inhalt das „Verkehrsübliche" anzunehmen.

Alles dies tritt aber nicht ein bei Kenntnis der einen Partei von der Bedeutung, welche die andere Partei den gebrauchten Worten beimaß. Hier entsteht ein Vertrag, in welchem die Worte nicht nach der „verkehrsüblichen" Deutung ausgelegt werden und ein dementsprechender Rechtserfolg eintritt; sondern die Worte werden in der dem Gegner bekannten Bedeutung ausgelegt, und es tritt ein dementsprechender Rechtserfolg ein.

Hier setzt das Prinzip von Treu und Glauben ein: denn wenn nach § 157 BGB. nach „Treu und Glauben mit Rücksicht auf die Verkehrssitte" ausgelegt werden soll, so ist eben dann, wenn die eine Partei auf irgend eine Weise genügende Kenntnis von dem wahren Willen der anderen erhalten hatte, eine solche Berücksichtigung der „verkehrsüblichen" Bedeutung der Willenserklärung nicht mehr nötig. Das Prinzip von Treu und Glauben verlangt, daß ein solches arglistiges Verfahren, wie es darin liegt, daß, obwohl man die Meinung des Andern wohl erkannt hat, sich trotzdem auf die „verkehrsübliche" Bedeutung der Erklärung stützt, nicht geschützt werde, und deshalb werden hier die Worte in der Bedeutung genommen, welche der Andere ihnen beilegte.

Es ist dies das große Prinzip, welches das BGB. beherrscht und in einer großen Anzahl von Paragraphen Ausdruck gefunden hat: der Verkäufer haftet aus dem Kaufvertrag für bestimmte Mängel, welche die Sache hat (§ 459 BGB.) — aber nicht bei Kenntnis des Abkäufers von den Mängeln

(§ 460 BGB.); war eine Vollmacht durch Erklärung gegenüber einem Dritten erteilt, so bleibt sie diesem gegenüber in Kraft, bis ihm das Erlöschen von dem Vollmachtgeber angezeigt wird (§ 170 BGB.) — diese Vorschrift findet aber keine Anwendung, wenn der Dritte das Erlöschen der Vertretungsmacht bei der Vornahme des Rechtsgeschäfts kennt (§ 173), und so in vielen anderen Paragraphen. Denn alle derartige Vorschriften bezwecken, den Redlichen zu schützen und kommen darum nicht in Anwendung, wenn der Unredlichkeit dadurch Vorschub geleistet werden würde. Es liegt ein gleicher Gedanke dem § 116 BGB. zugrunde, welcher von der sog. Mentalreservation handelt, d. h. dem geheimen Vorbehalte, das Erklärte nicht zu wollen, und welcher einem solchen geheimen Vorbehalt jede Rechtswirkung abspricht. Er wird nicht beachtet, es tritt trotzdem die Rechtswirkung ein, welche der Erklärung entspricht; es würde eben, wenn solchem geheimen, dem Vertragsgegner unerkennbaren Vorbehalt eine Rechtswirkung beigelegt würde, geradezu die Arglist des einen Teils geschützt werden.

Nun sagt aber — wie schon erwähnt — das BGB. nicht, daß „nach Treu und Glauben" ausgelegt, daß der Inhalt der Verträge „nach Treu und Glauben" bestimmt werden solle, sondern es gibt in den §§ 157, 242 BGB. die Anweisung, daß „nach Treu und Glauben mit Rücksicht auf die Verkehrssitte" die Entscheidung gegeben werde, also hierbei als Maßstab eine Kombination von „Treu und Glauben" und „Verkehrssitte" dienen solle. Aber auch bei Anwendung dieser Kombination, wenn man also zugleich mit Gewicht auf das „Verkehrsübliche" legt, kommt man zu dem gleichen Resultat: denn unter anständigen Leuten ist es eben verkehrsüblich, daß, wenn die eine Partei Kenntnis von dem Sinne hat, welche die andere Partei den Willenserklärungen beilegt, sie diese auch in dieser Bedeutung auffaßt, und die dieser Bedeutung entsprechenden Leistungen macht.

§ 7.

Das Prinzip von Treu und Glauben findet weiter dann häufig Anwendung, wenn der Sinn der vorliegenden Willenserklärung zweifelhaft ist, d. h. also nur da, wo eine Auslegung, die unter genauer Berücksichtigung aller „Umstände des Falles" und des erkennbaren wirtschaftlichen Erfolges, welcher durch den Vertrag verfolgt wird, zu keinem sicheren Resultat kommt.

Hier werden dann die vorliegenden zweifelhaften Willenserklärungen so ausgelegt, wie sie anständige Leute auffassen und dementsprechend handeln würden[1]. Aus diesem Grunde wird bei Konventionalstrafen und Verwirkungsklauseln, bei Beschränkungen der Bewegungsfreiheit des Gegners (Konkurrenzklausel) gegen den entschieden, der sie geltend macht, d. h. gegen denjenigen, der sie aufgestellt hat. Denn nur dieser macht sie ja geltend. Es ist hier auch gleichgültig, ob hier irgend ein geradezu arglistiges Verfahren vorliegt, ob der Gegner den anderen Teil durch trugvolles Verhalten zur Eingehung des Vertrags vermocht hat; denn es gilt eben als unanständig, wenn man in den Fällen, wo man nicht klare Worte gewählt hat, die der andere Teil hätte verstehen müssen, hinterdrein daraus mehr Vorteil herausschlagen will, als der Wortlaut sicher ergibt. Es liegt hier meist so, daß, wenn der andere Teil die Bedeutung der Worte, die jetzt der Gegner ihnen zuschreiben will, gekannt hätte, er wahrscheinlich den Vertrag gar nicht abgeschlossen hätte.

Besonders werden aber von dem Prinzip von Treu und Glauben alle die Zusicherungen getroffen, welche vor Abschluß eines Vertrags gemacht werden, um den anderen Teil zum Abschluß zu veranlassen; denn auch diese gehören mit zum Inhalt des Vertrags und sind bei der Feststellung desselben durch die Auslegung mit zu berücksichtigen. Derjenige, dem sie gemacht sind, kann entsprechende Ausführung des Vertrags verlangen, er braucht nicht, um überhaupt aus dem ganzen Schuldverhältnis herauszukommen, den Vertrag wegen Irrtums oder Betrugs anzufechten, wodurch eine Auflösung des Schuldverhältnisses bewirkt werden würde.

---

[1]) Vergl. zum Nachfolgenden Danz, Die Auslegung der Rechtsgeschäfte, 2. Aufl., S. 128 ff.

Es ist eine bekannte Lebenserfahrung, daß vor Abschluß von gegenseitigen Verträgen von der Partei, die ein Interesse am Abschluß des Vertrags hat, alles im rosigsten Lichte geschildert wird, daß erklärt wird: „man werde den Gegner mit der Zahlung nicht drücken"; die getroffene Vereinbarung „würde nicht so streng genommen werden" usw. —, daß aber nach Abschluß des Vertrags eine ganz andere Willensmeinung geltend gemacht wird. Ein solches trugvolles Verhalten nimmt das Gesetz nicht in Schutz. Es ist auch hier wieder gleichgültig, ob wirklich Arglist bei dem Gegner vorgelegen hat: derjenige, der solche Erklärungen abgibt, erklärt eben damit, daß seine Worte diesen Sinn haben sollen, und sie erzeugen dann selbstverständlich auch einen diesem Sinn entsprechenden Rechtserfolg. Hat also Jemand einem Andern zum Kauf bewogen mit der Erklärung: der Andere möge nur kaufen, mit der Zahlung sei es nicht so eilig", er werde ihn „mit der Zahlung nicht drücken", so kann er — obwohl bei dem Kauf die Leistungen Zug um Zug zu machen sind — nur Zahlung nach Ablauf einer Zeitspanne fordern; es liegt in solchen Erklärungen ausgedrückt, daß man Kredit gewähren wolle. Wird dann abgeschlossen, so ist derjenige, der solches erklärt hat, aus dem Vertrage zur Kreditgewährung verpflichtet.

Mit Recht ist in Fällen, wo es sich um Auslegung von Versicherungsverträgen handelte, und die Versicherungsgesellschaft durch Berufung auf die, von ihr selbst in der Polize redigierte Verwirkungsklausel sich von ihrer Leistung zur Zahlung der Versicherungssumme, nachdem sie die Prämienzahlungen des Versicherungsnehmers angenommen hatte, zu entziehen suchte, die gegen die Versicherungsgesellschaft ausfallende Entscheidung auf das Prinzip von Treu und Glauben gestützt worden. Denn will Jemand in einem gegenseitigen Vertrage durch solche Verwirkungsklausel sich seiner Leistungspflicht wieder entziehen können, so soll er sich deutlich ausdrücken; die Versicherungsgesellschaft soll in die Bedingungen schreiben, daß auch bei kasueller Vernachlässigung der Anzeige oder der Zahlungspflicht der Versicherungsanspruch erlöschen solle, wovon die

Folge sein würde, daß Niemand sich bei der Gesellschaft versichern würde. Weil die Gesellschaft dies weiß, so handelt sie arglistig, wenn sie zweifelhafte Worte in der Polize wählt und dann verlangt, daß diese in einer Bedeutung genommen werden, bei deren Kenntnis der Versicherer den Versicherungsvertrag nicht abgeschlossen haben würde.

Auch bei allen gegenseitigen Verträgen gilt die Regel, daß gegen denjenigen auszulegen ist, welcher die betreffende Bestimmung aufgestellt, den betreffenden Ausdruck gebraucht hat; freilich auch nur, wenn die Auslegung auch bei Berücksichtigung der Umstände des Falles, des wirtschaftlichen Zweckes usw. zu keinem sicheren Resultat gekommen ist. Denn kommt der Richter zu einem sicheren Resultat, so hat er selbstverständlich dies anzunehmen; er kann dann auch nicht gegen die Partei, welche die Bestimmung aufgestellt, das betreffende Formular abgefaßt hat, auslegen, weil diese sich dann ganz korrekt und derart ausgedrückt hat, daß die andere Partei — als verständiger Mann gedacht — diesen Sinn der Erklärung erkennen mußte.

Ein Schuldner, der von einer Bank ein Darlehn erhalten, hat in notarieller Urkunde der Bank Hypothek an seinem Grundstück bestellt und sich im Falle einer Unpünktlichkeit bezüglich einer Zins- oder Kapitalzahlung der sofortigen Zwangsvollstreckung wegen der alsdann noch bestehenden Forderung in der Weise unterworfen, daß die Zwangsvollstreckung aus der Urkunde gegen den jeweiligen Eigentümer des Pfandgrundstücks zulässig sein soll. Die Bank verlangt auf Grund dieser Urkunde Pfändung von außenstehenden Forderungen ihres Schuldners, d. h. Zwangsvollstreckung in dessen bewegliches Vermögen. Die Fassung der Urkunde rührt von der Bank her; sie hat entsprechende Formulare, die von den Darlehnsnehmern ausgefüllt werden, herstellen lassen. Mit Recht ist der Antrag auf Pfändung des beweglichen Vermögens aus dieser Urkunde abgewiesen worden; denn nach der Fassung der Urkunde ist es zweifelhaft, ob die Unterwerfung unter die sofortige Zwangsvollstreckung sich auch auf das bewegliche Vermögen bezieht; es ist in der Urkunde etwas Außergewöhnliches festgesetzt — denn das Regelmäßige ist, daß erst ein Urteil ergehen muß, ehe die Pfändung beginnen kann. Der Gläubiger der solche Urkunden verfaßt, muß sich deutlicher ausdrücken, wenn er dem Schuldner eine außergewöhnliche Verpflichtung auferlegen will[2]), umsomehr als regelmäßig verkehrsüblich bei Verleihung von Geld gegen Hypothek nur die Deckung durch den Grundstückswert ins Auge gefaßt wird[3]).

§ 8.

Von den beiden grundlegenden Paragraphen des BGB., welche das Prinzip von Treu und Glauben aufstellen, bestimmt § 242, daß der Inhalt der Schuldverhältnisse hiernach sich richten solle; er setzt also voraus, daß ein Schuldverhältnis bereits entstanden ist, daß ein gültiger Vertrag vorliegt, wenn es sich um ein vertragsmäßig entstandenes Schuldverhältnis handelt. § 157 BGB. geht allerdings insofern weiter, als er vorschreibt, daß auch die Entstehung eines Vertrags, eines vertragsmäßigen Schuldverhältnisses sich nach diesem Prinzip richten solle, aber — und das ist besonders wichtig — nur insoweit es sich um die Willenserklärung, also regelmäßig um die Worte handelt, welche von den Parteien gebraucht sind; es hat also gemäß § 157 BGB. die Feststellung zu erfolgen, ob die zwischen den Parteien gewechselten Worte, ausgelegt nach Treu und Glauben mit Rücksicht auf die Verkehrssitte, eine Einigung ergeben, wie sie zur Entstehung eines Vertrags erforderlich ist oder nicht.

Dagegen hat das Prinzip von Treu und Glauben gar nichts zu schaffen mit den weiteren Erfordernissen — außer der Willenserklärung —, welche das Gesetz aufstellt zur Entstehung eines gültigen Vertrages. Mangelt ein solches Erfordernis im einzelnen Fall, so kann man nicht

---

[2]) Danz, Die Auslegung der Rechtsgeschäfte, 2. Aufl., 1906, § 26. S. 193, 128.

[3]) Anderer Ansicht Nagel-Schmidt, Bank-Archiv, VI. Jahrg., Nr. 2, S. 23.

trotzdem unter Berufung auf Treu und Glauben die Entstehung eines Vertrages annehmen; dieses Prinzip reicht eben immer nur soweit, als es vom Gesetz zugelassen ist!

Das zeigt sich namentlich im Fall des § 119 BGB., welcher, auch wenn sich der eine Teil über die Bedeutung der Willenserklärung im Irrtum beim Abschluß des Vertrages befunden oder sich verschrieben hat, trotz des Irrtums einen Vertrag, welcher der verkehrsüblichen Bedeutung der Worte entspricht, zur Entstehung kommen läßt und dem Irrenden — aber auch nur unter besonderen Voraussetzungen und regelmäßig unter Schadensersatzpflicht — nur eine Wiederauflösung des Vertrages gestattet. Denn habe ich mich verschrieben und anstatt 1000 M., die ich für einen Gegenstand bieten wollte, 2000 M. geschrieben, so kommt bei Annahme meiner Offerte ein Vertrag zustande, nach dem ich verpflichtet bin, 2000 M. zu zahlen, während ich „geglaubt", darauf „vertraut" habe, daß ich durch die gebrauchten Worte nur zur Zahlung von 1000 M. verpflichtet worden wäre; dieser „Glaube", dieses „Vertrauen" wird durch die Wirkung, die der vorliegende Vertrag kraft Gesetzes nach sich zieht, getäuscht, insofern ich eben zur Zahlung von 2000 M. durch meine niedergeschriebenen Worte verpflichtet worden bin. Das Gesetz nimmt also hier, und zwar aus guten Gründen im Interesse der allgemeinen Verkehrssicherheit keine Rücksicht auf das Vertrauen, den Glauben des Einzelnen. Denn ein gesicherter Verkehr ist nur dann möglich, wenn jeder sich auf das Wort des andern verlassen kann, d. h. darauf, daß die Worte in dem Sinne genommen werden und die Rechtswirkung haben, welche ihnen nach der Auffassung der Allgemeinheit zukommen, nicht in der Bedeutung, welche sie nach der Meinung einer Einzelperson, des Gegenkontrahenten haben.

Ebenso liegt es, wenn das Gesetz für einzelne Fälle Einhaltung einer Form zur Gültigkeit eines Vertrages vorschreibt, wie z. B. im § 313 für Grundstücksveräußerungsverträge, im § 766 für Eingehung einer Bürgschaft. Hat hier Jemand, der diese Vorschriften nicht kennt, einen mündlichen Kaufvertrag über ein Grundstück abgeschlossen oder ein

Darlehn gegeben, weil ein Dritter sich mündlich dafür verbürgt hat, so hat er „geglaubt“, hierdurch ein klagbares Recht auf Übereigung des Grundstücks zu erhalten, ein gleiches gegen den Bürgen auf Zahlung der Schuld des Dritten, falls letzterer nicht zahlt. Der Richter kann hier nicht, weil sonst das Prinzip von Treu und Glauben verletzt würde, dem Käufer oder demjenigen, dem gegenüber die Bürgschaftserklärung abgegeben ist, ein Forderungsrecht gegen den Verkäufer oder gegen den Bürgen zusprechen; denn damit würde der Richter die — ebenfalls wohlerwogenen — Vorschriften, welche zur Gültigkeit dieser Verträge die Einhaltung einer Form fordern, über den Haufen stoßen. Durch solche Vorschriften erfährt das Prinzip von Treu und Glauben vom Gesetz eine Begrenzung, und da der Richter auch das Prinzip von Treu und Glauben nur insoweit anwenden darf, als das Gesetz die Anwendung duldet, so ist er in solchen Fällen an der Anwendung gehindert. Man hat sich hierbei nur zu vergegenwärtigen, daß die Gesetze das enthalten, was die Allgemeinheit, von welcher sie ja gegeben werden, unter „Treu und Glauben“ versteht. In Frage kommen kann in solchen Fällen nur, ob nicht vielleicht § 826 BGB: „Wer in einer gegen die guten Sitten verstoßenden Weise einem anderen vorsätzlich Schaden zufügt, ist dem anderen zum Ersatze des Schadens verpflichtet“, in Anwendung kommt, wenn der Bürge gewußt hat, daß ihn nur eine schriftliche Erklärung binde, der andere dagegen nicht, und der Bürge die Bürgschaft abgegeben hat, damit der andere hereinfalle. Dann haftet aber eben der Bürge nicht auf Grund eines Bürgschaftsvertrages, sondern wegen seiner unerlaubten Handlung.

Auch wenn das BGB. wegen des Inhalts bestimmten Willenserklärungen keinen Rechtsschutz angedeihen läßt, gilt das Gleiche: so bei Rechtsgeschäften, die gegen die guten Sitten verstoßen (§ 138 BGB.); bei Spiel- und Wettverträgen (§ 762 BGB.). Namentlich bei Spielverträgen gilt ja in vielen Kreisen die Verpflichtung aus solchem Vertrage, aus sog. Spielschulden, als viel drückender als Schulden, die aus anderen Verträgen entstanden ist; mag das Nichtzahlen von Spielschulden in solchen Kreisen nicht nur als gegen Treu und Glauben verstoßend, sondern sogar als ehrlos gelten, so kümmert sich das Gesetz nicht darum. Es gewährt auch hier keinen Rechtsschutz, und zwar weil ein ernster sittlicher und wirtschaftlicher Zweck fehlt.

Endlich mag noch darauf hingewiesen werden, daß es dem, was man im Leben unter „Treu und Glauben" versteht, gewiß widerspricht, wenn ein Schuldner, der weiß, daß er seine Schuld nicht bezahlt hat, die Verjährungseinrede geltend macht; trotzdem ist dies nach dem Gesetz durchaus zulässig und wirksam. „Macht der Berechtigte dauernd von seinem Anspruche keinen Gebrauch, so bezeugt er das geringe Interesse, das er an dem Rechtsschutz nimmt" (Endmann, Lehrbuch 8. Aufl. Bd. I S. 552); deshalb wird ihm vom Gesetz nur der Rechtsschutz eine bestimmte Zeit lang gewährt. Für das gegebene Beispiel bedeutet dies also dem Begriff gegenüber, den man im Leben mit dem Grundsatz von Treu und Glauben verbindet, eine Einschränkung; der Begriff des Gesetzes, der maßgebend ist, geht nicht soweit.

§ 9.

Was nun die Rechtsgeschäfte der Bankiers im Allgemeinen betrifft, also namentlich die von ihnen geschlossenen Verträge, so gilt auch für diese alles das, was vorher bezüglich der Auslegung, der Deutung solcher Rechtsgeschäfte „nach Treu und Glauben unter Berücksichtigung der Verkehrssitte" und bezüglich der Feststellung des Inhalts derselben ebenfalls „nach Treu und Glauben mit Rücksicht auf die Verkehrsitte" bisher ausgeführt worden ist; denn die §§ 157, 242 BGB., welche dies aussprechen, gelten für alle Rechtsgeschäfte unter Lebenden, also auch für die vom Bankier abgeschlossenen.

Da der Bankier aber nach § 1 HGB. Kaufmann ist, so kann weiter auch § 346 HGB. auf ihre Rechtsgeschäfte Anwendung finden, wonach unter Kaufleuten in Ansehung der Bedeutung und Wirkung von Handlungen und Unterlassungen auf die im Handelsverkehr geltenden Gewohnheiten und Gebräuche Rücksicht zu nehmen ist.

Wenn hier vorgeschrieben ist, daß unter Kaufleuten die Bedeutung der Handlungen und Unterlassungen sich nach den im Handelsverkehr geltenden Gewohnheiten und Gebräuchen richten soll, so ist damit gar nichts anderes gesagt, als was im § 157 BGB. als für alle Personen geltend aufgestellt ist, daß die Auslegung, d. h. eben die Deutung einer Willenserklärung — bestehe sie aus Worten oder einem als Willensäußerung im Leben geltenden Verhalten der Menschen — nach Treu und Glauben unter Berücksichtigung der Verkehrssitte erfolgen solle. Diese Handelsgewohnheiten, Handelsusancen sind eben Verkehrssitten, welche nur in einem bestimmten Personenkreise, dem der Kaufleute sich gebildet haben.

Auch sie dienen demselben Zweck, wie die Verkehrssitten, d. h. der Richter deutet nach ihnen die Verträge und füllt die Lücken aus, welche diese im einzelnen Fall haben. Der Richter muß ja auch bei Verträgen, die zwischen Kaufleuten abgeschlossen sind, oft zu einer Leistung verurteilen, welche die eine Vertragspartei fordert, obwohl im Vertrag in Worten nichts über die Verpflichtung zu einer solchen Leistung vereinbart ist. Nach seiner subjektiven Meinung darf er nicht entscheiden; da weist ihn das Gesetz mit Recht auf diese Gewohnheiten hin, auf Grund deren er die Lücke ausfüllen soll.

Ist es im bankmäßigen Wechselverkehr handelsüblich, bei jedesmaliger Prolongation eines Wechsels außer dem Diskont eine mäßige Provision zu berechnen[1]), und wird diese Provision in einem Falle, wo sie nicht vereinbart ist, gefordert, so hat der Richter gemäß § 346 HGB. diesen Handelsbrauch seiner Entscheidung zugrunde zu legen und dadurch die Lücke in dem Vertrag, in welchem nichts über solche Provision vereinbart war, auszufüllen, d. h. zur Zahlung der Provision zu verurteilen.

Hat ein Kaufmann einem anderen gegenüber die „üblichen Wechselspesen" übernommen, so wird die Bedeutung dieser

[1]) Gutachten über Handelsgebräuche von Dove und Meyerstein, 1907, S. 116, Nr. 472.

Worte, d. h. der Inhalt der Verpflichtung nach der Handelsusance vom Richter festgestellt, welche hierunter nur die Wechselstempel und die etwaigen Domizil-Provisionen und Provisionen für Einholung des Akzepts, nicht aber den Wechseldiskont versteht[2]).

Solche Sammlungen von Handelsgebräuchen, wie die in den Noten erwähnten, sind deshalb so wichtig für den Verkehr und speziell auch für den Richter, weil sie gedruckt vorliegende Regeln des Handels enthalten, genau wie die Gesetze, und der Richter eben hieraus — wenn sie genau auf den vorliegenden konkreten Fall passen! — die Entscheidung des konkreten Falls entnehmen muß. Er entscheidet auch, wenn er dies tut, „nach Treu und Glauben", weil er nach dem entscheidet, was in den gleichen Fällen regelmäßig, gewöhnlich geleistet zu werden pflegt. Es ist auch hier hervorzuheben, daß eine Kenntnis der einen oder anderen Partei von der betreffenden Handelssitte nicht erforderlich ist, um sie in Anwendung zu bringen[3]); es liegt hier ebenso wie bei den allgemeinen Verkehrssitten, die im Verkehr der Allgemeinheit sich entwickelt haben, im Gegensatz zu denen, die sich unter Kaufleuten entwickelt haben.

Es ist wichtig hierbei hervorzuheben, daß auch die allgemeinen Verkehrssitten, welche sich unter den Menschen entwickelt haben, selbstverständlich auch dann Anwendung auf Kaufleute finden, wenn unter Kaufleuten die gleichen Handlungen vorkommen, wie die, welche das Substrat für die allgemeine Verkehrssitte bilden.

So hat sich die allgemeine Verkehrssitte gebildet, daß, wenn zwischen zwei Personen längere Zeit hindurch ein gleichmäßiges Verhalten, ein gleichmäßiges Handeln stattgefunden hat, dem eine bestimmte Bedeutung im Leben zugeschrieben wird, bei gleichem Tatbestand solches Verhalten eben auch in dieser Bedeutung aufgefaßt wird, falls

---

[2]) Gutachten der Aeltesten der Kaufmannschaft von Berlin über Gebräuche im Handelsverkehr, herausgegeben von Apt, 1907, S. 204, Nr. 22.

[3]) Leipz. Zschr. f. HR. 1907, S. 215, Nr. 5.

nicht von der einen Partei erklärt ist, daß dieses Verhalten nicht mehr diese Bedeutung haben soll[4]).

An sich besteht kein Geschäftsgebrauch, nach welchem der Kommissionär, welchem die Ausführung eines Zeitgeschäfts in Börsenpapieren übertragen ist, auch ohne besonderen Auftrag des Kommittenten als beauftragt gilt, für die Prolongation dieses Engagements auf den Ultimo des nächsten Monats zu sorgen. Hat ein Kommittent aber während eines längeren Verkehrs, ohne Schritte zur Abnahme der gekauften oder zur Lieferung der verkauften Stücke zu tun, wiederholt geschwiegen, nachdem ihm die ohne Auftrag erfolgte Prolongation angezeigt war, so wird nun dieses Schweigen gedeutet als Auftrag zur Prolongation[5]).

Deshalb kommt, da der Kaufmann ja zugleich Gewerbtreibender ist, auch auf seine, sein Gewerbe betreffenden Geschäfte mit Nichtkaufleuten die allgemeine Verkehrssitte[6]) — eine der wichtigsten für den Verkehr! — zur Anwendung, die dahin geht, daß, wenn jemand von einem Andern, der erkennbar ein Gewerbe betreibt, eine in das Gewerbe einschlagende Leistung verlangt, der Gewerbetreibende, auch wenn nichts über einen Preis für die Gegenleistung vereinbart ist, für diese trotzdem einen Preis, und zwar den in dem betreffenden Geschäft kundenüblichen fordern kann, d. h. den, der regelmäßig von allen Kunden gefordert und von diesen freiwillig bezahlt wird; so wenn Jemand im Restaurant Speisen und Getränke, bei seinem Schuhmacher ein paar Schuhe, eine Arbeit bei einem Handwerker bestellt hat, ohne daß dabei ein Preis vereinbart ist. Diese allgemein geltende Verkehrssitte ist noch gesetzlich fixiert in § 354 HGB., nach welchem Paragraph derjenige, der in Ausübung seines Handelsgewerbes einem Anderen Geschäfte besorgt oder Dienste leistet, dafür auch ohne Verabredung Provision usw. nach den an dem Orte üblichen Sätzen fordern

---

[4]) Danz a. a. O. S. 100.

[5]) Apt a. a. O. S. 167, Nr. 29.

[6]) Danz a. a. O. S. 42 ff.; derselbe, Rechtsprechung nach der Volksanschauung und nach dem Gesetz 1908, S. 34 ff.

kann, und wonach er weiter für Darlehen, Vorschüsse, Auslagen und andere Verwendungen vom Tage der Leistung an Zinsen berechnen kann.

Der Bankier, der für den Kunden Effekten kauft, der ihm Darlehen gibt, könnte also schon nach dieser allgemeinen Verkehrssitte, auch wenn sie nicht gesetzlich fixiert wäre, Provision und Zinsen fordern, obgleich § 607 BGB. bezüglich des Darlehnsempfängers bestimmt, daß er das Empfangene — also nur die Darlehnssumme, nicht Zinsen — in Sachen von gleicher Art, Güte und Menge zurückzuerstatten hat, demnach anscheinend eine Zinspflicht ohne ausdrückliche, in Worten erfolgte Vereinbarung dem BGB. unbekannt ist.

Die Vorschrift des § 354 HGB. kommt aber dann nicht zur Anwendung, wenn die Parteien etwas anderes vereinbaren, also auch wenn der Gegner sofort bei Abschluß des betreffenden Geschäfts erklärt, daß er z. B. keine Provision, keine Zinsen zahlen werde. Wird dann trotzdem das Geschäft, also ohne daß der Bankier widersprochen hat, ausgeführt, so kann dies nur dahin gedeutet werden, daß der Ausführende es umsonst ausführen wollte[7]).

Es muß aber auch hier der Bankier erkennbar in Ausübung seines Handelsgewerbes handeln. Wenn also jemand vom Bankier in dessen Geschäftslokal ein Darlehn entnimmt, ohne daß über die Verzinsung etwas in Worten vereinbart wird, so muß er die Zinsen zahlen, die zu dieser Zeit vom Bankier für solche Darlehen regelmäßig gefordert und von den Darlehnsnehmern bewilligt werden; nicht die gesetzlichen (5 pCt.). Borgt dagegen jemand vielleicht im Restaurant, wo er zusammen mit dem Bankier sitzt, von ihm 100 M., so muß solchenfalls der Bankier, um Zinsen für diese Summe fordern zu können, dies ausdrücklich vereinbaren, ebenso wie wenn ein Nichtkaufmann von einem Nichtkaufmann ein Darlehn entnimmt. Denn wenn auch nach § 344 HGB., die von einem Kaufmann vorgenommenen Rechtsgeschäfte im Zweifel als zum Betriebe seines Handelsgewerbes gehörig gelten sollen, so soll dies doch eben nur im Zweifel

---

[7]) Jur. Wochschr. 1901, 164 [17]).

geschehen; es ist aber bei Darlehen, die z. B. im Restaurant, in einer Gesellschaft oder unter ähnlichen Umständen, welche mit dem Gewerbebetriebe eines Kaufmanns gar nichts zu schaffen haben, gegeben werden, eben zweifellos, daß sie nicht „zum Betriebe seines Handelsgewerbes gehören".

Besonderer Teil.

§ 10.

Besonders häufig ist von einer Verletzung von „Treu und Glauben“ gesprochen worden, wenn der Beklagte die sog. Einrede des Differenzgeschäftes oder die des Registereinwandes vorbrachte und dadurch den Anspruch des Klägers, der auf dem zwischen den Parteien abgeschlossenen Vertrag beruhte, zu Fall brachte.

„Der Differenzeinwand ist die Verteidigung, daß die Kontrahenten nicht ein Geschäft auf Lieferung von Waren oder Wertpapieren gegen Entgelt geschlossen haben, sondern daß sie lediglich ein Glückspiel eingegangen sind, wobei Gewinn und Verlust durch die Differenz der Kurse am Tage des Abschlusses und am Lieferungstage gebildet wird[1].“ Nun soll ein Spielgeschäft nach § 764 BGB. auch schon dann vorliegen, wenn auch nur ein Teil die Absicht hatte zu spielen, wenn der andere Teil aber die Absicht kannte oder auch nur hätte erkennen müssen. Diese letzteren — gesperrt gedruckten — Worte bedeuten nach der Sprechweise des BGB. (vgl. § 122 Abs. 2 BGB.): Auch wenn der Gegner (der Bankier) die Spielabsicht des anderen Kontrahenten (des Kunden) gar nicht erkannt hat, wenn er geglaubt hat, der Kunde wolle ein wirkliches ernsthaftes Umsatzgeschäft machen, so wird trotzdem der vorliegende Vertrag so angesehen, als hätten beide ausdrücklich vereinbart, daß es sich nur um

---

1) Düringer, Bank-Archiv, Jahrg. VI, 1907, S. 162.

Zahlung der Differenz handeln solle — ausgenommen, der Bankier könnte nachweisen, daß er auch bei Anwendung der im Verkehr erforderlichen Sorgfalt (§ 276 BGB.) nicht die Spielabsicht des Kunden hätte erkennen können.

Der Registereinwand beruht auf § 66 des Börsengesetzes von 1906:

> „Durch ein Börsentermingeschäft in einem Geschäftszweige, für welchen nicht beide Parteien zur Zeit des Geschäftsabschlusses in einem Börsenregister eingetragen sind, wird ein Schuldverhältnis nicht begründet.“

Daß auch die Berufung auf den Registereinwand mit Treu und Glauben überhaupt nicht verträglich sei, hat auch das Reichsgericht (Bank-Archiv, Jahrgang VII, 1908, S. 202) direkt ausgesprochen. Das ist insofern richtig, als auch hier ebenso wie bei der Vorschrift über den Differenzeinwand eine gesetzliche Ausnahme von der allgemeinen Regel vorliegt, daß Jedermann, der sich zu einer Leistung verpflichtet hat, sein Wort halten muß; eine Ausnahme die aus wirtschaftlichen Gründen erfolgt ist und den Zweck hatte, Unberufene von der Börse fernzuhalten.

Diese Einwände erschienen namentlich dann als gegen das Prinzip von „Treu und Glauben verstoßend, wenn derjenige, der sie vorschützte, die Gewinne, die er durch solche Geschäfte gemacht hatte, eingestrichen und nun, wo er im Verlust war, mit solchen Einwänden sich zu schützen versuchte.

Da es sich aber hier um gesetzliche Bestimmungen handelt, so ist eben durch sie der gesetzliche Begriff des Handelns nach Treu und Glauben, wie er in den §§ 157, 242 BGB. als Regel aufgestellt wird, eingeschränkt; für das Gesetz und dessen Anwendung gilt nur dieser beschränkte Begriff. Es liegt ähnlich wie mit der gesetzlichen Regelung der Spielschulden, die auch nicht einklagbar sind, denen der Staat keinen Rechtsschutz angedeihen läßt, obwohl in einigen Kreisen gerade diese Schulden als die drückendsten, als Ehrenschulden angesehen werden, wegen deren sich jemand, den andere Schulden ganz kühl lassen, vielleicht eine Kugel durch den Kopf schießt.

Durch das neue Börsengesetz vom 8. Mai 1908 werden übrigens wohl die Fälle, die bisher wegen der eigenartigen gesetzlichen Regelung das Rechtsgefühl verletzten, sich sehr vermindern. Denn es sind hier zunächst die unter Vollkaufleuten und den ihnen gleich gestellten Personen abgeschlossenen Börsentermingeschäfte für durchaus gültig erklärt (§ 53 BG.), und es kann auch in den Fällen, wo nur auf der einen Seite ein Kaufmann im Sinne des § 53 BG., auf der andern Seite ein sog. Outsider steht, der Kaufmann sich aus der vom Outsider gestellten Sicherheit befriedigen (§ 54).

Endlich ist dem Prinzip von Treu und Glauben auch noch insofern nachgegeben, als gegen Forderungen aus Börsentermingeschäften eine einseitige, also gegen den Willen des Gegners wirksame Aufrechnung auf Grund anderer Börsentermingeschäfte, auch dann für zulässig erklärt ist (§ 56), wenn diese Geschäfte nach den §§ 52 bis 54 BG. für den Aufrechnenden eine Forderung nicht begründen. Ohne diese Bestimmung würde der börsentermingeschäftsfähige Teil die Forderungen des Outsiders durch Leistung erfüllen und seine nicht klagbaren Ansprüche als solche behalten müssen; dadurch wird dem Outsider die Möglichkeit genommen, aus der gleichartigen geschäftlichen Gebarung mit demselben Kontrahenten die Gewinne zu ziehen, die Verluste aber auf diesen abzuwälzen (Hemptenmacher, Börsengesetz 1908, S. 195). Eine einseitige Aufrechnung ist aber nicht gestattet mit Forderungen, die aus verbotenen Börsengeschäften (§§ 64 BG.) herrühren, weil in § 56 die Aufrechnung nur mit den nach §§ 52 bis 54 — also aus nicht verbotenen Geschäften herrührenden Forderungen — gestattet ist.

Wichtig ist auch § 58 BG., wonach gegen Ansprüche aus Börsentermingeschäften in Waren oder Wertpapieren, die zum Börsenterminhandel zugelassen sind (§ 50), von demjenigen, für welchen das Geschäft nach den Vorschriften der §§ 53, 54, 57 verbindlich ist, ein Einwand aus den §§ 762 und 764 BGB. nicht erhoben werden kann. Danach kann also in solchen Fällen namentlich nicht mit Erfolg auf konkludente

Handlungen und Umstände, aus denen die Absicht des Vorliegens eines Differenzgeschäftes geschlossen werden könnte, Bezug genommen werden.

Es können im Rahmen dieses Aufsatzes selbstverständlich nicht alle Bestimmungen des Börsengesetzes zur Erörterung kommen, es wird vielmehr nur im nachfolgenden von den Verkehrsgeschäften, welche bei Gelegenheit von Börsengeschäften abgeschlossen werden, und von deren Auslegung nach „Treu und Glauben" die Rede sein.

Der Einwand des Differenzgeschäftes ist aber auch jetzt noch (§ 58 BG.) den sog. Outsiders gestattet, insoweit sie keine Sicherheit gestellt haben (§ 54 BG.) oder insoweit das Börsentermingeschäft den Betrag der gestellten Sicherheit übersteigt. Sie werden aber in solchen Fällen, da dies viel einfacher zum Ziel führt, den Einwand vorschützen, daß das Geschäft ein Börsentermingeschäft und deshalb für sie als Outsider nicht über den Betrag der Sicherheitsleistung verbindlich sei.

Weiter ist dieser Einwand aber noch zulässig und wird voraussichtlich in diesen Fällen noch angewendet werden, bei dem inoffiziellen Börsenhandel, d. h. bei nicht verbotenen Börsentermingeschäften in Waren oder Wertpapieren, die zum Börsenhandel nicht zugelassen sind, und für Börsentermingeschäfte, die nach anderen als den vom Börsenvorstand festgesetzten Bedingungen abgeschlossen sind[2]). Für diese Geschäfte kann er sowohl von den Börsentermingeschäftsfähigen als auch von den Outsiders erhoben werden[3]).

In solchen Fällen können allerdings auch aus den oben angegebenen Gründen Entscheidungen erlassen werden, die zwar dem Gesetz entsprechen, welche aber dem Hauptgrundsatz des BGB. gegenüber, wie er in den §§ 157, 242 BGB.

---

[2]) Die Geschäftsbedingungen (§ 50 Abs. 2 BG.) haben die Bedeutung, dass Börsentermingeschäfte, welche nach diesen Bedingungen geschlossen sind, offizielle Börsentermingeschäfte sind. Hemptenmacher, Börsengesetz 2. Aufl., 1908, S. 173.

[3]) So Hemptenmacher a. a. O. S. 200. A. M. Apt, Börsengesetz 5. Aufl., S. 102. Note 3.

für die Verkehrsgeschäfte aufgestellt ist, sich als Ausnahmefälle darstellen.

§ 11.

Bei den erlaubten Börsentermingeschäften sind nach der Novelle zu unterscheiden[1]):

1. beiderseitige verbindliche Börsentermingeschäfte; das sind die zwischen börsenmündigen Personen abgeschlossenen, d. h. zwischen eingetragenen Vollkaufleuten und den anderen in § 53 BG. namhaft gemachten Personen.

2a) unverbindliche und b) einseitig verbindliche Börsentermingeschäfte.

a) Erlaubte Börsentermingeschäfte, bei denen nicht auf beiden Seiten börsenmündige Kontrahenten beteiligt sind, erzeugen grundsätzlich auf beiden Seiten keine juristische, d. h. klagbare Verpflichtung, sondern nur eine sog. naturale, deren Wirkung sich nur darin zeigt,

α) daß das auf Grund des Geschäfts Geleistete nicht zurückgefordert werden kann (§ 55 BG.). Eine sog. naturale Forderung hat eben das Eigentümliche, daß sie nicht eingeklagt werden kann, daß aber ihre Erfüllung gültig ist, d. h. das Gezahlte nicht deswegen zurückgefordert werden kann, weil die Forderung nicht hätte eingeklagt werden können.

β) daß der Gläubiger seinen unklagbaren Anspruch auch zur einseitigen Aufrechnung gegen Forderungen aus anderen Börsentermingeschäften benutzen darf (§ 56).

Die natürliche Verbindlichkeit wird dadurch zur rechtsgültigen, klagbaren, wenn eine effektive und vollständige

---

[1]) Vgl. zum folgenden Otto Bernstein, Das Börsenprivatrecht, Goldschmidts-Z Bd 62, S. 151 ff.

Vorleistung des Gläubigers erfolgt, falls der Schuldner bei oder nach dem Eintritt der Fälligkeit sich dem Gläubiger gegenüber mit der Bewirkung der Leistung einverstanden erklärt hat (§ 57 BG.). Solchenfalls ist ja klar, daß ein ernstes Geschäft, kein Spiel um die Differenz stattgefunden hat.

b) Der praktisch wichtigste Fall ist der, wo nur auf der einen Seite der Kontrahenten eine rechtsgültige, klagbare Verpflichtung entsteht. Damit dies eintritt, muß der Tatbestand so liegen:

1. daß das abgeschlossene Börsentermingeschäft Wertpapiere zum Gegenstand hat,

2. daß auf der einen Seite ein Kaufmann oder eine Genossenschaft der § 53 Abs. 1 bezeichneten Art steht (ein Bankier),

3. daß dieser Kontrahent sich entsprechend § 54 eine Sicherheit für die Erfüllung des Geschäfts hat stellen lassen;

dann entsteht α) für den nichtkaufmännischen Kontrahenten nur eine naturale Verbindlichkeit wie unter 2a; aber für diese Verbindlichkeit haftet dem Kaufmann die gestellte Sicherheit.

β) für den Kaufmann entsteht dagegen eine rechtsgültige, vom Gegner also einklagbare Verpflichtung (§ 54 BG.).

In solchen Fällen ist also der Kaufmann, regelmäßig der Bankier, insoweit seine Forderung gegen den Kunden durch die gestellte Sicherheit nicht gedeckt ist, in einer schlechten Lage: er kann insoweit seine Forderung gegen den Kunden nicht einklagen, er kann sie auch zur einseitigen Aufrechnung nur verwenden, wenn der Kunde ihm gegenüber gerade aus Börsentermingeschäften, nicht z. B. aus Kassageschäften, aus Depositen- oder sonstigem Kontokorrentverkehr mit den Kunden entstandenen Forderungen an ihn hat (§ 56 BG.). Es wird sich daher die Notwendigkeit ergeben, im Kontokorrentverkehr hierfür besondere Konten einzufügen[2].

---

[2]) Hemptenmacher a. a. O. § 56, Note 1.

Nun findet aber eine einseitige Aufrechnung im Verkehr zwischen Bankier und Kunden wohl überhaupt nur ganz selten statt[3]; das Gewöhnliche ist vielmehr, daß diese beiden Personen im Kontokorrentverkehr stehen, und daß eine vertragsmäßige Aufrechnung zwischen ihnen bei Gelegenheit der Saldoziehung stattfindet. Es werden auch jetzt noch in sehr vielen Fällen für Börsentermingeschäfte keine besonderen Konten geführt werden, sondern nur ein Konto für den Kunden, und es fragt sich, wie es in solchen Fällen mit der Tilgung von solchen Schulden aus Börsentermingeschäften zu halten ist. Auch die Novelle verordnet hierüber nichts[4].

§ 12.

Bei Beantwortung der Frage, wie die Aufrechnung im Kontokorrent zu geschehen habe, d. h. wenn sich im Kontokorrent Posten, die aus ungültigen Börsentermingeschäften herrühren, befinden, hat man sich zunächst den wirtschaftlichen Zweck zu vergegenwärtigen, welchen die Parteien durch den Abschluß des Kontokorrentvertrages und speziell durch den zu bestimmten Zeiten erfolgenden Saldoabschluß erreichen wollen.

Der Kontokorrentvertrag wird geschlossen zwischen Personen, die voraussichtlich eine ganze Anzahl von Geschäften miteinander abschließen werden, und bezweckt, die jedesmalige Einzelabwicklung eines Geschäfts zu ersparen und durch eine besondere Art der Buchung der Einzelgeschäfte eine einmalige, in besonderen Zeitabschnitten erfolgende Verrechnung aller Geschäfte auf einmal zu ermöglichen. Läßt der Kunde durch den Bankier Papiere verkaufen, so wird ihm der Kaufpreis ins Kredit geschrieben und verzinst, genau als wenn er dem Bankier ein Darlehn gegeben hätte. Ent-

---

[3]) Ebenso Bernstein, Goldschmidts Zeitschr. Bd. 62, S. 161, Note 32: Es wird meist eine vertragsmässige Aufrechnung der gegenseitigen termingeschäftlichen Forderungen in laufender Rechnung stattgefunden haben.

[4]) Leider muss man sagen. Vgl. Düringer, Bank-Archiv Jahrg. VII, 1908, S. 116.

nimmt der Kunde darauf Geld vom Bankier, so gilt dies nicht als Tilgung der Kaufpreisschuld, welche der Bankier ihm gegenüber hat, durch diesen, sondern als Darlehn, welches ihm vom Bankier gewährt wird, denn es werden ihm für diese Summe laufende Zinsen im Debet gebucht[1]). Zahlt der Kunde genau diese Summe später wieder an den Bankier, so wird auch dies nicht als eine Tilgung seiner Schuld an den Bankier gebucht, sondern als ein neues Geschäft, eine Darlehnshingabe an den Bankier: mit anderen Worten, das Hin- und Hergeben von Vermögenswerten seitens des Kunden an den Bankier und umgekehrt gilt und zwar auf Grund der Vereinbarung der Parteien, d. h. des Kontokorrentvertrags, nie als Erfüllung der vorhergegangenen Geschäfte, sondern es wird jedes Hin- und jedes Hergeben behandelt als ein neues Geschäft, aus denen eine neue Verbindlichkeit und ein neues Forderungsrecht der einen oder anderen Partei entsteht.

Eine weitere Verpflichtung, die aus dem Kontokorrentvertrag entsteht und die bezweckt, daß diese Einzelgeschäfte auch einmal erfüllt werden, ist die, daß zu bestimmten Zeiten eine Zusammenrechnung der auf die Debet- und Kreditseite entfallenden Posten erfolgen muß, die Ziehung des Saldos und dessen Anerkennung, in welcher stets zugleich die Aufrechnungserklärung und damit die Tilgung der einzelnen Schulden enthalten ist. Denn wenn der Bankier dem Kunden die Abrechnung mit dem Saldo und der Aufforderung, anzuerkennen, zusendet, so verlangt er damit zugleich die Abgabe der Aufrechnungserklärung. Das geforderte Anerkenntnis des Saldo hat hier eine wesentlich andere Bedeutung, als wenn sonst ein Gläubiger von seinem Schuldner, der vielleicht an seiner Schuldverbindlichkeit herumgemäkelt hat, ein Anerkenntnis fordert: letzterenfalls soll eine Forderung bestehen bleiben und nur durch das Anerkenntnis noch eine besondere Sicherung erhalten; bei dem Verlangen, den Saldo anzuerkennen, ist

---

[1]) Darüber, ob die Verzinsung der Kontokorrentposten zum Wesen des Kontokorrentvertrags gehört vgl. J. Mohr, Der Kontokorrentverkehr 1902, S. 79 ff.

dagegen der Hauptzweck der, den Untergang, die Erfüllung der Einzelforderungen, die bisher zwischen den Parteien entstanden waren, herbeizuführen, und die Aufrechnungserklärung wird eben abgegeben durch das Anerkenntnis des Saldos. Wenn der Anerkennende den Saldo, d. h. die Summe, die nach geschehener Aufrechnung übrigbleiben soll, anerkennt, so gibt er damit zugleich stets die Erklärung ab, daß er die Offerte zur Abgabe der Aufrechnungserklärung, die in dem Übersenden des Kontoauszugs nebst Saldo liegt, so wie sie gestellt ist, annehme.

Die Ansicht des Reichsgerichts (Entsch. Bd. 59 S. 193), daß eine verhältnismäßige Aufrechnung in dem Falle vorgenommen werden müßte, wenn sich Posten aus klaglosen Börsentermingeschäften im Kontokorrent befänden, so daß z. B. wenn die Summe der Posten auf der Debetseite (also die Schuld des Kunden und Forderung des Bankiers) 150 000 M., die auf der Kreditseite (also die Forderung des Kunden und Schuld des Bankiers) 100 000 M. beträgt, durch die Aufrechnungserklärung jede einzelne Post auf der Debetseite zu $^2/_3$ getilgt werde und der Saldo von 50 000 M. zugunsten des Bankiers sich demnach zusammensetze aus einem Drittel aller einzelnen Posten auf der Debetseite, ist nicht haltbar.

Es handelt sich beim Kontokorrentvertrag nicht um die einseitige Aufrechnungserklärung, wie sie das BGB. in den §§ 387 ff. ordnet, sondern um einen Aufrechnungsvertrag der Parteien, welcher eben bereits in dem Abschluß des Kontokorrentvertrags begründet ist. Wie aufgerechnet werden soll, hängt also durchaus davon ab, wie die Aufrechnung in diesem Vertrag bestimmt ist. Die Verträge sind gemäß § 157 BGB. auszulegen nach Treu und Glauben mit Rücksicht auf die Verkehrssitte, bei Kaufleuten mit Rücksicht auf deren Gewohnheiten § 346 HGB. Da ausdrücklich über die Art der Berechnung in dem Vertrag nichts erwähnt zu werden pflegt, so würde die Berechnung also in der Weise, wie sie unter solchen Parteien verkehrsüblich ist, stattzufinden haben. Denn überall, wo die Parteien nichts im Vertrag über dessen Inhalt bestimmt haben, tritt die Verkehrssitte in die Lücke ein; es ist der verkehrsübliche Inhalt vom Richter anzunehmen, also der Auffassung der Parteien entsprechend — nicht der Meinung des Richters, der diese Auffassung vielleicht für falsch hält — der Inhalt festzustellen.

Es ist auch unzulässig, aus einem Rechtsgeschäft der Römer, z. B. aus der Novation, auf ein Rechtsgeschäft unserer Zeit zu schließen und die für die römische Novation geltenden Vorschriften darauf anzuwenden.

Ein Prüfstein dafür, ob die Auslegung eines Vertrags der Verkehrsübung entspricht, besteht darin, daß man sich bei Beurteilung des konkreten Falles die Frage stellt: würde, wenn der eine Teil die jetzt von ihm als richtig behauptete Auslegung des Vertrags mit Worten ausdrücklich erklärt hätte, der Gegner damals auf den Abschluß des Vertrags eingegangen sein? Ist das nicht anzunehmen, so ist dann die jetzt beanspruchte Auslegung nicht die verkehrsübliche und kann nicht zur Anwendung kommen [2]).

Nun ist bei dem Fall, der dem Reichsgericht vorlag, ganz klar, daß der Bankier auf die Art der Berechnung, welche das Reichsgericht angenommen hat, nicht eingegangen wäre. Der Fall, der dem Reichsgericht vorlag, war folgendermaßen gestaltet:

Auf der Debetseite stand eine Darlehnsschuld von 60 000 M. und 90 000 M. Schuld aus Börsentermingeschäften; auf der Kreditseite eine Forderung des Kunden von 100 000 M. aus Börsentermingeschäften. Das Saldoguthaben von 50 000 M. klagte der Bankier ein. Das Reichsgericht nahm verhältnismäßige Aufrechnung an, d. h. derart, daß von den einzelnen Schulden, aus denen das Debet bestand, jede zu $^2/_3$ durch die Aufrechnung getilgt sei (100 000 : 150 000 = 2 : 3) also von der Darlehnsforderung des Bankiers von 60 000 M. die Summe von 40 000 M., und verurteilte den Kunden nur zur Zahlung von 20 000 M. Darlehnsschuld, wies im übrigen die Klage zurück, da die weiter geforderten 40 000 M. aus Terminschulden beständen. Daß der Bankier einen solchen Vertrag, durch den er 40 000 M. von einer klag-

[2]) Danz, Die Auslegung der Rechtsgeschäfte S. 152 ff.

baren Forderung einbüßte, nicht eingegangen wäre, wenn er diese Art der Verrechnung hätte vermuten können, liegt auf der Hand.

Es muß aber überhaupt bestritten werden, daß eine solche Rechnungsart verkehrsüblich unter den im Kontokorrentverhältnis stehenden Personen sei, und das ist das Hauptargument gegen die Ansicht des Reichtsgerichts. Dagegen spricht schon, daß das ganze Kontokorrentverhältnis auf eine möglichst einfache Regelung hinausläuft, während hier eine höchst schwierige Berechnung zur Feststellung der Minderung der einzelnen Forderungen durch die Aufrechnung stattfinden muß — in dem Urteil des Reichsgerichts vom 26. November 1904, Entsch. Bd. 59, S. 193 müssen mit einem Bruch, der als Zähler und Nenner eine achtstellige Ziffer trägt, die Passivposten aus Termingeschäften multipliziert werden! „Die Lehre von der verhältnismäßigen Aufrechnung entspricht weder der Auffassung des kaufmännischen Verkehrs, noch der Willensmeinung der Kontokorrentparteien. Wenn bei der Auslegung eines Vertrags der wahre Wille des Vertragsschließenden in erster Linie festzustellen ist, so wird der Richter dem Vertrage keinen Inhalt unterstellen dürfen, der ihrer Absicht diametral entgegengesetzt ist[3].“

Das Reichsgericht erkennt übrigens selbst an, daß die von ihm angenommene verhältnismäßige Aufrechnung nur eintritt, wenn nichts anderes verabredet ist. Es fragt sich also, ob nicht in jeder Offerte, die durch Übersenden des Kontoauszugs mit dem Ersuchen um Anerkennung des Saldos genügend der Wille des Offerenten zum Ausdruck gebracht wird, wie aufgerechnet werden solle.

Nun erkennt der Offerent, der den Kontoauszug übersendet, damit seine darin aufgeführten Schulden an und verspricht auch, sie zu erfüllen; denn das im Saldo niedergelegte Resultat setzt eben die Tilgung dieser Schulden und

---

[3]) So mit Recht Heilbrunn in Holdheims Monatsschrift, Jahrg. XIV, S. 232. J. Mohr, Der Kontokorrentverkehr 1902, S. 80 sagt von dieser Art der Verrechnung, „dass eine solche Verrechnungserklärung in der Praxis nicht abgegeben wird, dürfte wohl niemand zweifelhaft sein“.

zwar durch Aufrechnung voraus. So erkennt in dem Beispiel des Reichsgerichts der Bankier an, dem Kunden 100 000 M. zu schulden, und erklärt, daß er bereit sei, alle diese Schulden, also auch die aus Termingeschäften, zu zahlen, nämlich durch Aufrechnung. Das ganze vorliegende Verhalten, welches eben die Willenserklärung darstellt, ergibt — erkennbar für den Gegner — diesen Sinn.

Wenn der Gegner, der auch Schulden aus Termingeschäften an den Offerenten hat, auf die Offerte antwortet: ich bin einverstanden, aber meine Schulden an Dich aus Termingeschäften will ich nicht berichtigen, so ist dies zunächst keine Annahme der Offerte, weil ja bei einer dementsprechenden Ausführung der in der Offerte aufgestellte Saldo sich ändern würde. Es würde auch jedenfalls der Offerent seine Offerte zurückziehen, da niemand, wenn er sich verpflichten will, seine klaglosen Schulden dem Gegner zu bezahlen, der Gegner aber, der ihm gegenüber auch solche Schulden hat, dies nicht tun zu wollen erklärt, auf solchen Vorschlag eingehen wird.

Dies weiß der Gegner; wenn er nun einfach den Saldo anerkennt und damit die Offerte in dem Sinne, wie sie erkennbar gestellt war, angenommen hat, so kann er hinterdrein nicht sich auf eine andere Meinung berufen; das wäre Mentalreservation, die nach § 116 BGB. nicht beachtet wird.

Auch aus einem anderen Grunde muß angenommen werden, daß, wenn der Offerent solche Schulden aus Termingeschäften hat und sich zu deren Zahlung erbietet, der Gegner durch Annahme der Offerte verpflichtet wird, auch seine Schulden aus Termingeschäften nach dieser Höhe zunächst zur Aufrechnung zu verwenden. Es ist schon früher hervorgehoben worden, daß bei der Auslegung, also der Deutung der rechtsgeschäftlichen Willenserklärungen der Menschen besonderes Gewicht auf den wirtschaftlichen Zweck, der hierdurch im einzelnen Fall erreicht werden soll, zu legen ist; daß aus dem wirtschaftlichen Zweck, der im konkreten Fall mit der Willensäußerung verfolgt wird, sich die Bedeutung der Worte ergibt, der Sinn, der mit ihnen verbunden wird — vgl. S. 17 — Auch diese Bedeutung ergibt die Anschauung des Lebens; *sie* ist die *verkehrsübliche*, der *entsprechend* der Richter die Rechtsfolge festzustellen hat.

Wird nun ein Kontoauszug mit dem Ersuchen um Anerkennung des Saldo übersandt, so ist jedenfalls ganz klar, daß der wirtschaftliche Zweck, den das gesamte Geschäft verfolgt, der ist, daß für den Saldogläubiger nach Höhe der im Saldo genannten Summe eine *Forderung* entstehen solle. Nun versteht man aber im gewöhnlichen Leben, also namentlich unter Laien — und auf *deren Anschauung kommt es an* — unter einer Forderung eine *klagbare* Forderung: *eine solche soll mit Abgabe der Anerkenntniserklärung zur Entstehung kommen.* Damit ist aber auch zugleich die Direktive für die Verrechnung, für die *Aufrechnung* gegeben. Die Aufrechnung muß so erfolgen, daß die im Saldo genannte Summe eine *klagbare* Forderung ergibt. In dem Reichsgerichts-Fall ist demnach die Aufrechnung genau so zu bewirken, wie sie der auf 50 000 M. klagende Bankier gemacht hat: die aus Differenzgeschäften herrührende Forderung des Kunden von 100 000 M. war mit 90 000 M. auf die aus Differenzgeschäften herrührende Forderung des Bankiers und mit dem Rest von 10 000 M. auf die 60 000 M. Darlehn aufzurechnen, so daß eine klagbare *Darlehnsforderung* des Bankiers von 50 000 M. verblieb.

Es müssen also stets, wenn im Kontokorrent sowohl auf der Debet- als auf der Kredit-Seite sich aus Terminsgeschäften stammende Posten vorfinden, *zunächst* diese gegeneinander aufgerechnet werden; sie sind mit der Anerkennung des Saldo, weil darin das Einverständnis zur vertragsmäßigen Aufrechnung steckt, erfüllt und damit erloschen[4]).

Diese Regel gilt auch für den Fall, daß die *Terminpassivposten* die *Terminaktivposten* überschreiten, was Heilbrunn a. a. O., S. 230 zu Unrecht bestreitet. Schuldet der Kunde aus Darlehn 30 000 M. und aus ungültigen Termin-

---

[4]) Für die hier vertretene Auffassung spricht auch § 56 BG., wonach auch nicht eine verhältnismässige Aufrechnung, sondern wie hier von Terminforderung gegen Terminforderung stattfinden soll. Vgl. auch Bernstein a. a. O. S. 161, Note 32.

geschäften 120 000 M., hat jedoch 100 000 M. im Kredit zu fordern, so bleibt zugunsten des Bankiers ein Guthaben von 50 000 M. Dieses Guthaben, in dem notgedrungen 20 000 M. Schulden aus ungültigen Termingeschäften enthalten sind, ist allerdings nur nach Höhe von 30 000 M. klagbar, weil die Schulden aus Termingeschäften ebenso wie Schulden aus Spielgeschäften durch Schuldanerkenntnis nicht gültig werden können[5]) (§ 66 BG., § 59 BG.-Novelle), und eben hier die Wirkung der Parteivereinbarung an der Bestimmung des Gesetzes scheitert, welches auch das Saldoanerkenntnis, die Saldoforderung, nicht nach der Höhe gültig werden läßt, als darin eine Schuld aus unklagbaren Terminschulden steckt. Wenn Heilbrunn meint[6]), man könne den Aufrechnungsvertrag nicht dahin interpretieren, daß die Parteien gewollt hätten, er solle ein möglichst günstiges Resultat für den Bankier ergeben; für solche Annahme fehle, wenn keine besonderen Abmachungen der Parteien vorlägen, jede Grundlage, so verkennt er, daß die Bedeutung der Verträge eben nicht lediglich aus den Worten zu entnehmen ist, sondern daß — wie darzulegen versucht ist — der wirtschaftlich erkennbare Zweck den Worten die für den konkreten Fall richtige Bedeutung, den richtigen Sinn gibt. Daß der Aufrechnungsvertrag nicht so zu interpretieren ist, daß gerade für den Bankier eine möglichst hohe Forderung entstände, ist richtig; so lautet aber auch die Regel nicht, die auf Grund der Auslegung unter Berücksichtigung des wirtschaftlichen Zweckes hier aufgestellt wird; denn diese Regel geht dahin, daß, um das Resultat betreffs der Saldoforderung zu erreichen, stets zunächst die unklagbaren Schulden durch die Aufrechnung erfüllt werden müssen — ganz gleich, zu wessen Gunsten der Saldo abschließt. Die Saldoforderung ist aber stets insoweit anfechtbar, als in ihr die Umwandlung einer nicht durch die Aufrechnung getilgten Schuld aus klaglosen Termingeschäften enthalten ist.

---

[5]) Jur. Wochschr. 1900, S. 495, Nr. 7.

[6]) a. a. O. S. 230.

§ 13.

Mit solcher Anfechtung der Saldoforderung um deswillen, weil ein Teil davon sich als Umwandlung einer klaglosen Schuld aus Termingeschäften darstellt, fällt aber nicht die gesamte Saldofeststellung, Verrechnung sowohl wie Anerkenntnis zusammen, wie vielfach auf Grund von § 139 BGB. angenommen wird, obwohl diese gesamte Saldofeststellung zweifellos ein einheitliches Rechtsgeschäft ist. Es ist auch der Ansicht von Trumpler[1]) nicht zuzustimmen, daß die Saldofeststellung zwar wirtschaftlich ein einheitliches Rechtsgeschäft sei, daß aber rechtlich die Verrechnung nur das Motiv zu dem abstrakten Anerkenntnisvertrag darstelle, und letzterer ein selbständiges vom Anerkenntnisvertrag unabhängiges Rechtsgeschäft sei. Hierin liegt eine Verkennung der Aufgabe des Richters zu dem im Rechtsgeschäft enthaltenen Parteiwillen. Die richterliche Aufgabe beim Vorliegen von Rechtsgeschäften, also namentlich Verträgen, besteht lediglich darin, den in dem Rechtsgeschäft erklärten wirtschaftlichen Zwecken — falls sie nicht verboten sind — zur Durchführung zu verhelfen und zwar dadurch, daß, wenn die eine Partei sich weigert, die ihr nach dem Inhalt des Vertrags übernommene Verpflichtung zu erfüllen, er ein Urteil dahin abgibt, daß sie schuldig ist, die übernommene Verpflichtung zu erfüllen. Damit ist dann festgestellt, daß — wie wir Juristen es ansehen — der Vertrag eine Rechtsfolge nach sich gezogen hat. Dem Richter steht aber kein Recht zu, das einheitlich von den Parteien gewollte Rechtsgeschäft durch eine sog. juristische Konstruktion auseinanderzureißen. Die juristische Konstruktion kommt stets erst nach der Auslegung und ist durchaus von ihr abhängig. Der Richter hat im vorliegenden Fall wohl darüber zu entscheiden, ob, wenn aus der Saldoforderung geklagt wird, die Anerkenntniserklärung geeignet war, die Saldoforderung zur Entstehung zu bringen, dagegen hat nicht er darüber nach seiner subjektiven Meinung zu entscheiden, ob

[1]) Goldschmidts Zeitschr. Bd. 50, S. 490. Gegen Trumpler auch Heilbrunn a. a. O., S. 232.

diese mit den übrigen Parteierklärungen eine Einheit bilden sollten oder nicht; ob dies der Fall ist oder nicht, darüber entscheidet lediglich die Willenserklärung der Parteien, verkehrsüblich ausgelegt.

Ist ein Teil eines Rechtsgeschäfts aus im Gesetz liegenden Gründen, die der Richter zu beachten hat, ungültig, so hat der Richter die Auslegungsregel des § 139 BGB. anzuwenden, welche ihm eine Direktive gibt, wie er zu entscheiden hat, wenn er zu keinem sicheren Resultat bei der Auslegung der vorliegenden Willenserklärung kommt. § 139 BGB. lautet: „Ist ein Teil eines Rechtsgeschäfts nichtig, so ist das ganze Rechtsgeschäft nichtig, wenn nicht anzunehmen ist, daß es auch ohne den nichtigen Teil vorgenommen sein würde."

Ob in einem Falle, wo die Saldoforderung mit Erfolg angefochten wird, „anzunehmen ist, daß das ganze Rechtsgeschäft, also Verrechnung und Aufrechnung, auch ohne den nichtigen Teil vorgenommen sein würde", kann der Richter, da die Parteien regelmäßig hierüber für den einzelnen Fall nichts erklärt haben, nur aus der Verkehrsübung schließen.

Es fragt sich demnach, wie es verkehrsüblich gehalten wird, wenn sich herausstellt, daß einer von den Einzelposten des Kontoauszugs nicht bestanden hat; wie die Parteien überhaupt — also wenn kein Prozeß schwebt — in solchen Fällen freiwillig zu handeln pflegen. Daraus, aus dieser Verkehrsübung ist dann ihr entsprechender Wille zu deuten: z. B. es ist auf die Debetsseite aus Versehen ein Posten von 1000 M. eingeschrieben, der einem ganz anderen Kunden zur Last zu schreiben war; es ist ein Posten von 100 M. versehentlich mit 1000 M. in das Debet geschrieben. Hier wird, wenn der Kunde dies geltend macht, verkehrsüblich an dem Kontoauszug selbst gar nichts geändert, er bleibt wie er ist; es wird dem Kunden einfach auf neue Rechnung der betreffende Betrag, durch den das Versehen wieder ausgeglichen wird, in das Kredit eingesetzt. Soll die Geschäftsverbindung nicht fortgesetzt werden, so wird die betreffende Summe von der Saldoforderung abgezogen: das gesamte Geschäft soll also —

dies zeigt dieses Verhalten — trotzdem völlig aufrecht erhalten bleiben, es sollen nicht alle die Forderungen, die durch die Vereinbarung erloschen waren, nun wieder aufleben. Nur so wird es in der kaufmännischen Welt gehalten!

Nach dieser Verkehrsübung, die ja das für den Richter allein Maßgebende bei der Auslegung der Rechtsgeschäfte ist, hat man daher anzunehmen, daß auch dann, wenn die Saldoforderung sich deshalb mindert, weil ihr eine unklagbare Schuld aus Termingeschäften zugrunde liegt, nicht das ganze Saldofeststellungsgeschäft ungültig wird, sondern bestehen bleibt, und der Anfechtende auch nur das Recht hat, auf Herabminderung der Saldoforderung zu klagen [2]).

§ 14.

Es kommt häufig vor, daß, wenn eine klaglose, aber erfüllbare Forderung und daneben eine klagbare besteht, eine Zahlung vom Schuldner gemacht wird. Es fragt sich, wie hier solche Zahlung zu verrechnen ist, wenn bei der Zahlung nicht ausdrücklich erklärt worden ist, auf welche Forderung die Zahlung gemacht sein soll, dies sich auch nicht aus der gezahlten Summe ergibt. Letzteres wird dann der Fall sein, wenn die gezahlte Summe gerade die eine der beiden Forderungen völlig deckt; also wenn der Bankier eine klaglose Forderung von 1009 M. und eine klagbare von 500 M. hat, und an ihn 1009 M. oder 500 M. vom Schuldner gezahlt werden; hier reden die gezahlten Beträge eine ebenso deutliche Sprache — ausgelegt nach der Verkehrssitte § 157 BGB. —, als wenn er ausdrücklich mit Worten gesagt hätte, auf welche Forderung er die Zahlung machen wolle.

Ist dies nicht der Fall, also namentlich, wenn Abschlagszahlungen in runden Summen gemacht werden, so fragt es sich, wie diese zu verrechnen sind.

---

[2]) Über diese Frage vgl. Staub, Kommentar z. HGB 8.Aufl. Exkurs zu § 376, Anm. 16; Düringer-Hachenburg, Kommentar z. HGB. § 355, Note X 3. Heilbrunn, a. a. O., S. 232. Regelsbeger, Iher. Jahrb. Bd. 49, S. 407 ff.

Hier gibt § 366 Abs. 2 BGB. eine Richtschnur, der aber auch nichts anderes ist als eine aus den Verkehrssitten der Menschen vom Gesetzgeber gezogene und schriftlich fixierte Norm.

Der § 366 BGB. lautet:

„Ist der Schuldner dem Gläubiger aus mehreren Schuldverhältnissen zu gleichartigen Leistungen verpflichtet und reicht das von ihm Geleistete nicht zur Tilgung sämtlicher Schulden aus, so wird diejenige Schuld getilgt, welche er bei der Leistung bestimmt.

Trifft der Schuldner keine Bestimmung, so wird zunächst die fällige Schuld, unter mehreren fälligen Schulden diejenige, welche dem Gläubiger geringere Sicherheit bietet, unter mehreren gleich sicheren die dem Schuldner lästigen, unter mehreren gleich lästigen die ältere Schuld und bei gleichem Alter jede Schuld verhältnismäßig getilgt."

Sind also sowohl die klaglose als auch die klagbare Forderung fällig, so wird die Zahlung gerechnet auf diejenige Forderung, „welche dem Gläubiger die geringere Sicherheit bietet", d. h. auf die klaglose, denn ihr fehlt das Hauptschutzmittel für eine Forderung, nämlich, daß sie mit Hilfe des Staates vom Schuldner eingezogen werden kann, während dieses Schutzmittel der klagbaren Forderung zur Seite steht. Bei der klagbaren Forderung hat der Gläubiger eine viel größere Sicherheit, sein Geld zu bekommen als bei der klaglosen; denn während er bei der klaglosen lediglich auf den guten Willen des Schuldners angewiesen ist, ob er Zahlung bekommt oder nicht, kann er bei der klagbaren auch gegen den Willen des Schuldners, wenn dieser überhaupt nur Vermögen hat, durch die Klage und die sich an das Urteil anschließende Zwangsvollstreckung in das Vermögen des Schuldners zu dem geschuldeten Geld gelangen.

Zu Unrecht hat daher das Reichsgericht (Bank-Archiv, VII. Jahrg. 1908, S. 333, Urt. des RG. I. Ziv.-Sen. vom 6. Mai 1908, Rsp. I 346/07) in einem Fall, wie den oben erörterten angenommen, daß solche Zahlungen verhältnismäßig auf die klagbaren und klaglosen Schulden anzurechnen seien. Diese Art der Verrechnung stützt sich allerdings hier darauf, daß ein Kontokorrentverhältnis zwischen den Parteien bestanden hat, bei dem ja das Reichsgericht (vgl. § 12) diese Art der Verrechnung annimmt.

Erfolgt in dem hier erörterten Falle keine Barzahlung, sondern werden als Zahlung Wechsel gegeben, wie dies sehr häufig geschieht, so wird zunächst durch die Hingabe des Wechsels weder die klaglose noch die klagbare Forderung getilgt, weil die Wechsel ganz regelmäßig verkehrsüblich nicht an Erfüllungsstatt, sondern nur Erfüllungshalber angenommen werden, und auch ihre Annahme vom Gesetz (§ 364 BGB.) nur so ausgelegt wird; da heißt also: die alte Forderung bleibt trotz der Hingabe des Wechsels bestehen, der Gläubiger hat nur, wenn er den Wechsel angenommen hat, die Verpflichtung, seine Befriedigung vorab aus dem Wechsel zu suchen. Ist ein Wechsel zur Tilgung einer solchen klaglosen Forderung gegeben, so kann auch ihm nach § 59 Börs.-G. v. 1908 der Einwand eines klaglosen Börsentermingeschäftes entgegengesetzt werden[1]).

Erst mit dem Moment, wo der Wechsel vom Schuldner gezahlt ist, äußert er die Wirkung der Erfüllung, der Tilgung der Schuld, und diese Zahlung wird verrechnet, wie jede andere Zahlung; durch sie wird ja zugleich mit der aus der Wechselverpflichtung entstandenen Verbindlichkeit die Hauptverbindlichkeit, wegen deren der Wechsel dem Gläubiger gegeben ist, erfüllt.

Diese Art der Verrechnung hört aber mit dem Moment auf, wo der Schuldner, der aus dem Wechsel belangt wird, den Einwand entgegenstellt, daß der Wechsel zur Tilgung von klaglosen Börsenterminforderungen gegeben sei; denn damit erklärt jedenfalls der Schuldner deutlich seinen Willen, daß er auf die klaglose Forderung nichts zahlen wolle[2]), und die Vorschrift des § 366 Abs. 2 BGB., die voraussetzt, daß der Schuldner eine Bestimmung darüber,

---

[1]) Staubs Kommentar z. HGB., Nachtrag betr. die Börsentermingeschäfte usw. nach dem Ges., betr. Aenderung des Börsenges. vom 8. Mai 1908, S. 32, Anm. 49.

[2]) Ebenso RG. in Bank-Archiv, Jahrg. VII, 1908, S. 333.

auf welche der mehreren Schulden seine Zahlung gerechnet werden solle, unterlassen hat, kommt deshalb nicht zur Anwendung. Hat z. B. der Gläubiger eine fällige klaglose Forderung von 10 000 M. und eine klagbare von 5000 M., also zusammen eine Forderung von 15 000 M. gegen den Schuldner, und erhält von diesem auf seine Schuld einen Wechsel über 4000 M., so ist zu unterscheiden:

a) zahlt der Schuldner beim Verfalltag den Wechsel ohne etwas zu erklären, so ist damit die klaglose Forderung von 10 000 M. nach Höhe von 4000 M. gemäß § 366 Abs. 2 BGB. getilgt;

b) zahlt der Schuldner den Wechsel, erklärt dabei aber, daß es ihm nicht in den Sinn komme, die klaglose Forderung zu bezahlen, so wird mit der Zahlung die klagbare Forderung nach Höhe von 4000 M. getilgt;

c) wird der Schuldner aus dem Wechsel verklagt und wendet ein, er habe ihn auf seine Schuld von 15 000 M. gegeben, in dieser Summe seien aber 10 000 M. klaglose Schulden enthalten, so wird er trotzdem zur Zahlung von 4000 M. verurteilt, weil er eben von den 15 000 M. jedenfalls 5000 M. klagbar schuldet[3]. Er hat also nicht das Recht, weil er den Wechsel auf die Schuld von 15 000 M. gegeben, und hierin 10 000 M. klaglose und 5000 M. klagbare Schulden stecken, nur zu einem Teil der 4000 M. verurteilt zu werden, der dem Verhältnis von 10 000 zu 5000 entspräche. Es würde ihm sonst die Befugnis gegeben, einer durchaus guten, klagbaren Forderung des Gläubigers ihre Kraft zu entziehen[4]. Der Schuldner hat den Wechsel gegeben zur Tilgung der einheitlichen Forderung von 15000 M.; mit dem Einwand, daß er aus dem Wechselversprechen nicht klagbar verpflichtet worden sei und deshalb aus ihm nicht verurteilt werden dürfe, kann er nur insoweit durchdringen, als in den 15 000 M. klaglose Forderungen enthalten sind, nicht, insoweit die Gesamt-Forderung

---

[3]) Ebenso RG. in dem unter Note 2 zitierten Erkenntnis S. 334.

[4]) cf. Bank-Archiv VII. Jahrg. 1907 S. 24 u. D. J.-Z. 1907, S. 825.

von 15000 M., zu deren Tilgung der Wechsel gegeben ist, klagbare Forderungen enthält, denn diesen gegenüber schlägt der Einwand eben nicht durch.

Anders ist es, wenn ausdrücklich zwischen Schuldner und Gläubiger vereinbart ist, daß der Wechsel bloß zur Tilgung der klaglosen Forderung gegeben werde; klagt der Gläubiger einen solchen Wechsel ein, so steht ihm aus dieser Vereinbarung ein Einwand entgegen, und er muß auf Grund desselben mit seiner Klage abgewiesen werden, weil die klaglose Forderung auch nicht dadurch zur klagbaren gemacht werden kann, daß eine andere Verpflichtung für sie eingegangen wird, also z. B. ein Wechsel dafür gegeben wird oder ein Anerkenntnisvertrag darüber abgeschlossen wird.

Handelt es sich dagegen um mehrere klagbare Forderungen, bezüglich deren zwischen Gläubiger und Schuldner vereinbart worden ist, daß künftige Zahlungen des Schuldners auf bestimmte Forderungen zur Anrechnung gelangen sollen, so ist eine einseitige, der Vereinbarung widersprechende Bestimmung des Schuldners, die er gemäß § 366, Abs. 1 BGB. trifft, ohne Wirkung. Auch wenn der Gläubiger die nach dieser Bestimmung erfolgte Zahlung ohne Widerspruch annimmt, so gilt dieses Schweigen des Gläubigers nicht als eine Einverständniserklärung mit dieser einseitigen Bestimmung; es werden durch die Zahlungen die Forderungen getilgt, welche nach der Vereinbarung durch sie getilgt werden sollten (Bank-Archiv, VII. Jahrg. 07, S. 24; Deutsche Jur.-Zeitung 07, S. 824 ff. Urt. des RG. VI. Ziv.-Sen. v. 25. April 07). Es ist nicht verkehrsüblich, daß ein Gläubiger, wenn der Schuldner von seiner vereinbarten Verpflichtung abgehen will und dies dem Gläubiger anzeigt, der Gläubiger, damit ihm das auf Grund der Vereinbarung erlangte Recht nicht verloren gehe, nochmals ausdrücklich erklären muß, daß er bei der Vereinbarung stehen bleibe. Haben die Parteien die Anrechnung der Zahlungen durch Vertrag festgestellt, so gilt nun zwischen ihnen die Vorschrift des § 366 BGB., die nur dispositiven Charakter hat, d. h. durch eine Vereinbarung der Parteien für ihr Rechtsverhältnis außer Anwendung gesetzt wird, überhaupt nicht mehr. Erklärt der Schuldner einseitig, daß etwas anderes eintreten solle, als das Vereinbarte, so ist das lediglich eine Offerte zum Abschluß eines neuen Vertrags über die Verrechnung; dadurch, daß ein Kaufmann auf eine Offerte schweigt, lehnt er sie aber regelmäßig ab; nur in den Fällen des § 362 HGB., wenn es sich um einen Antrag über Besorgung von Geschäften handelt, gilt — unter besonderen Voraussetzungen — das Schweigen als Annahme der Offerte; wenn es sich dagegen um Änderung eines bestehenden Vertragsverhältnisses handelt, besteht kein Handelsbrauch, daß Stillschweigen eine Genehmigung bedeutet, da der Empfänger einer darauf gerichteten Anzeige im Bewußtsein seines kontraktlichen Rechts die Antwort auf das unberechtigte Ansinnen meist unterlassen darf[5]).

§ 15.

Das Verhältnis von Geschäftsbedingungen zur Verkehrssitte.

Es ist oben (S. 42) ausgeführt, daß ein Hauptrechtsatz, der auf der Verkehrssitte (§§ 157, 242 BGB.) beruht, der ist, daß, wenn jemand von einem anderen, der erkennbar ein Gewerbe betreibt, eine in das Gewerbe einschlagende Leistung verlangt, er für die Leistung den in dem betreffenden Geschäft kundenüblichen Preis zahlen muß, daß also, wenn jemand von einem Bankier z. B. ein Darlehn fordert und erhält, er — wenn über die Verzinsung nichts vereinbart ist — den in dem Geschäft des betreffenden Bankiers für Gewährung von Darlehen kundenüblichen Preis zahlen muß.

Nun haben aber die Banken ganz regelmäßig gedruckte Geschäftsbedingungen, die im Verkehr zwischen der Bank und ihren Kunden maßgebend sein sollen. Um das Verhältnis solcher allgemeinen Geschäftsbedingungen, die regelmäßig gedruckt vorliegen, zu den Verkehrssitten, den Handelsgebräuchen, festzustellen, ist zunächst zu unterscheiden:

---

[5]) Staub, Kommentar z. HGB. 8. Aufl., § 346, Anm. 14.

1. Werden diese vor dem Geschäftsbeginn von dem Kunden unterschrieben, so gelten sie eben auf Grund dieser Vereinbarung bezüglich aller in diesen Bedingungen ausdrücklich aufgeführten Geschäfte; sie sind Teil eines jeden Vertrages, der in betreff der dort angegebenen Geschäfte zwischen Bank und Kunden abgeschlossen wird, soweit nicht etwas anderes bei dem einzelnen Geschäftsabschluß ausgemacht wird. Sie sind Teile jedes einzelnen Vertrags, ist also dieser z. B. ein gegen den Kunden nicht klagbarer Vertrag, so sind auch die Einzelleistungen, zu welchen kraft der Geschäftsbedingungen eine Verpflichtung für den Kunden erwachsen war, nur klaglose Verbindlichkeiten, zu deren Erfüllung der Schuldner nicht gegen seinen Willen gezwungen werden kann. War also in den Geschäftsbedingungen die Klausel enthalten, daß betreffs aller zwischen dem Bankier und Kunden abgeschlossenen Geschäften ein Schiedsgericht über die daraus entstehenden Streitigkeiten zu entscheiden haben solle, so ist auch diese Verpflichtung nicht erzwingbar; es kann nicht verlangt werden, daß der betreffende Vertrag von Schiedsrichtern anstatt von den staatlichen Gerichten entschieden werde (Entsch. RG. Bd. 58, S. 154).

Der praktisch wichtigste Fall wird der sein, wo der Bankier mit einem nicht kaufmännischen Kontrahenten, einer Privatperson, Börsentermingeschäfte abgeschlossen hat, nachdem ihm vom Kunden eine formgerechte Sicherheit (§ 54 Börs.-Ges.) für die Erfüllung dieser Geschäfte gestellt und zugleich vereinbart worden ist, daß über die aus dem abgeschlossenen Geschäfte sich ergebenden Rechtsstreitigkeiten nicht die ordentlichen Gerichte, sondern ein Schiedsgericht zu entscheiden habe. Ist vereinbart, daß die Parteien sich dem Spruche eines „Börsenschiedsgerichts im Sinne des § 28 BG. unterwerfen, so ist eine solche Vereinbarung auf Grund von § 28 BG. ohne Rechtswirkung. Als „Börsenschiedsgericht" soll nach den Motiven zu § 28 BG. nicht nur ein nach Maßgabe der betreffenden Börsenordnung eingesetztes, sondern jedes Schiedsgericht gelten, welches aus Personen zusammengesetzt ist, die an der Börse tätig sind, d. h. aus Börsenbesuchern.

Ist in der Vereinbarung zwischen dem Bankier und dem Privatmann lediglich die Einsetzung eines Schiedsgerichts, nicht die Unterwerfung unter ein „Börsenschiedsgericht" vorgesehen, eine Vereinbarung die durch § 28 BG. nicht betroffen wird, so ist aus den Geschäften zwischen den Kontrahenten zunächst nach § 54 BG. für den Privatmann eine klagbare Forderung entstanden, für den Bankier eine klaglose, die nur das Eigentümliche hat, daß der Bankier zwar sie nicht einklagen, wohl aber aus der gestellten Sicherheit sich wegen derselben befriedigen kann.

Verlangt aus solcher Vereinbarung der Bankier, der Forderungen an den Kunden zu haben behauptet, die Bestellung eines Schiedsrichters durch das Gericht (§§ 1029 ff. Ziv.-Proz.-O.), so muß ein solches Verlangen vom Gericht abgewiesen werden, da ja, wenn ein Schiedsgericht bestellt würde, durch seinen Spruch der Gegner gezwungen werden könnte zu zahlen, genau wie durch eine gerichtliche Entscheidung, was aber bei klaglosen Forderungen nicht geschehen darf.

Klagt der Privatmann gegen den Bankier auf Zahlung dessen, was er vom Bankier aus der Geschäftsverbindung zu fordern hat, und macht der Bankier ihm gegenüber den Einwand geltend, daß hierüber ein Schiedsgericht zu entscheiden habe, so dringt der Bankier mit diesem Einwand durch, denn insoweit es sich um Forderungen des Privatmanns handelt, ist ja die Vereinbarung ganz gültig; es entscheidet also den Rechtsstreit solchenfalls ein Schiedsgericht.

2. Es ist aber nicht nötig, daß solche Geschäftsbedingungen vom Kunden unterschrieben sind; es genügt vielmehr, daß sie ihm vor dem Geschäftsbeginn vom Bankier ausgehändigt sind. Denn dann ist jedenfalls der Bankier zunächst gebunden: er hat ja deutlich erklärt, daß für alle Geschäfte, die er mit dem Kunden abschließt — falls nichts anderes vereinbart wird —, diese gedruckten Bedingungen gelten sollen, und muß diese Erklärung gegen sich gelten lassen. Nun ist aber auch die Annahme der Geschäftsbedingungen seitens des Kunden und der Eintritt desselben in Geschäftsbeziehungen mit dem Bankier eine deutliche Er-

klärung des Kunden, daß er unter diesen Bedingungen mit dem Bankier abschließen wolle: die Offerte zur geschäftlichen Verbindung mit dem Bankier ist ja vom Bankier eben nur unter der Bedingung, daß diese Geschäftsbedingungen zwischen ihnen gelten sollen, gemacht, und wenn der Kunde nun die Offerte durch Abschluß von Geschäften mit dem Bankier annimmt, so kann dies nicht anders gedeutet werden, als daß er sich diesen Bedingungen unterwirft. Es ist auch gleich, ob der Kunde die Geschäftsbedingungen liest oder sie ungelesen in die Tasche steckt, weil eben bereits Annahme und Beginn der Geschäftsverbindung, verkehrsüblich ausgelegt, die Unterwerfung unter die Bedingungen zum Ausdruck bringen. (Staub, Kommentar z. HGB. 8. Aufl. § 346 Anm. 15. b) Entsch. RG. Bd. 54 S. 177 ff.).

3. Wenn der Kunde die Bedingungen kennt, so gilt die auf §§ 157, 242 BGB. beruhende Regel (vgl. S. 31), daß, wenn der eine Kontrahent die Bedeutung, in welcher der andere bestimmte Worte nimmt, kennt, dann die Worte in dieser Bedeutung zwischen den Parteien gelten; daß zwischen ihnen ein Vertrag von dem, dieser Bedeutung entsprechenden Inhalt zur Entstehung kommt. In solchen Fällen muß der Kontrahent, der diese Kenntnis des anderen Teils behauptet, diese Kenntnis zunächst -- wenn sie bestritten wird — beweisen.

Dieser Beweis wird aber in vielen Fällen, weil es sich meist um ganz bestimmte einzelne Verpflichtungen handelt, welche in diesen Geschäftsbedingungen fixiert sind, nicht leicht sein; denn der Beweis muß sich selbstverständlich im einzelnen Fall darauf richten, daß der Kunde des Bankiers gerade Kenntnis von dem Teil der Geschäftsbedingungen gehabt hat, um deren Anwendung es sich im einzelnen Falle handelt.

4. Wenn diese (1—3) gedachten Fälle nicht vorliegen, wenn also der Bankier einfach mit dem Kunden in Geschäftsverbindung getreten ist, kann er dann im Laufe der Verbindung oder nach Aufhörung der Geschäftsverbindung sich dem Kunden gegenüber auf diese Geschäftsbedingungen stützen, weil ja in seinem Geschäft es kundenüblich sei,

daß alle Geschäfte gerade unter diesen Bedingungen abgeschlossen würden, und demnach die am Anfang dieses Paragraphen erwähnte Verkehrssitte auf das Rechtsverhältnis zwischen ihm und dem Kunden in Anwendung gebracht werden müsse?

Es ist hier zunächst hervorzuheben, daß § 346 HGB. bestimmt:

> „Unter Kaufleuten ist in Ansehung der Bedeutung und Wirkung von Handlungen und Unterlassungen auf die im Handelsverkehre geltenden Gewohnheiten und Gebräuche Rücksicht zu nehmen."

Solche kaufmännische Gewohnheiten und Gebräuche, d. h. solche, die sich unter Kaufleuten entwickelt haben, gelten also hiernach nur, wenn auf beiden Seiten eines Vertrags Kaufleute stehen; für den Fall, daß sich Bankier (Kaufmann) und Privatmann gegenüberstehen, sind also solche Verkehrssitten nicht anzuwenden; zwischen ihnen kommen nur die allgemeinen Verkehrssitten, welche sich im Verkehr aller Menschen untereinander gebildet haben, in Betracht: nur sie sind dann anzuwenden, wenn es sich um Geschäfte zwischen Bankier und Privatmann handelt.

Als solche allgemeine Verkehrssitte, die also auch zwischen Bankier und Privatmann gilt, ist hervorzuheben die Verkehrssitte, daß, wenn jemand von einer Person, die erkennbar ein Gewerbe betreibt, Leistungen fordert, welche in dieses Gewerbe einschlagen, er den im Geschäft des Gewerbetreibenden kundenüblichen Preis zu zahlen hat (vgl. S. 42). Demnach hat jedenfalls der Kunde, wenn er die Dienste des Bankiers in Anspruch nimmt, sei es zum Ankauf von Effekten, sei es, indem er ein Darlehn von ihm nimmt, das als Gegenleistung dem Bankier zu gewähren, was dieser regelmäßig von seinen Kunden für die Ausführung solcher Geschäfte verlangt. Speziell für die Tätigkeit des Bankiers als Kommissionär beim An- und Verkauf von Effekten kommen außerdem §§ 400, 401 HGB. zur Anwendung, wonach gesetzlich bestimmt ist, welchen Kurs der

Bankier dem Kunden zu berechnen hat, — das sind sog. zwingende Rechtsvorschriften, d. h. sie können nicht durch Vertrag zum Nachteil des Kunden abgeändert werden[1]) — sowie § 403 HGB., wonach der Bankier auch, wenn er die Effekten selbst als Verkäufer lieferte oder als Käufer übernimmt, d h. in den Fällen, wo ein Kaufvertrag zwischen den Parteien vorliegt, er doch auch zu der gewöhnlichen Provision berechtigt ist und die bei Kommissionsgeschäften sonst regelmäßig vorkommenden Kosten berechnen kann.

Insoweit die Geschäftsbedingungen etwas über die vom Kunden für Inanspruchnahme des Dienstes des Bankiers zu gewährende Gegenleistung enthalten, und auch entsprechend diesen Geschäftsbedingungen tatsächlich regelmäßig im Gewerbebetrieb des Bankiers verfahren wird — denn nur durch die regelmäßige, gleichmäßige Ausführung entsteht ein „kundenüblicher" Preis —, gelten sie also für den Kunden, auch wenn er sie nicht kennt, wie dies ja bei den allgemeinen Verkehrssitten überhaupt der Fall ist (S. 19), sie erfordern zu ihrer Geltung nicht Kenntnis der Partei[2]).

Insoweit aber solche Geschäftsbedingungen noch andere, als gerade die Gegenleistung bestimmende Bedingungen enthalten, werden sie nicht Teil des Hauptvertrags, d. h. nicht bindend für den Kunden, selbst wenn er im allgemeinen davon Kunde hat, daß die betreffenden Bankgeschäfte solche Bedingungen aufgestellt haben und in der Regel auf Grund derselben zu kontrahieren pflegen[3]). Dies gilt z. B. von der sich vielfach in Geschäftsbedingungen der Bankiers findenden Bestimmung, daß der Bankier berechtigt sein soll, sich ohne vorherige Verkaufsandrohung aus einem hinterlegten Pfand bezahlt zu machen, falls der Kunde die geleistete Sicherheit nicht innerhalb einer ihm vom Bankier gesetzten Frist verstärkt[4]).

---

1) Vgl. § 402 HGB.

2) Danz, Die Auslegung der Rechtsgeschäfte, 2. Aufl., S. 110.

3) Bank-Archiv Jahrg. VII S. 142. Entsch. RG. Bd. 66 S. 39.

4) Bank-Archiv VII. Jahrg. S. 364

Werden solche Bedingungen im Laufe der Geschäftsverbindung dem Kunden mitgeteilt, so gelten sie von da ab. In jedem Fall, wo sie Geltung haben, werden sie aber stets nur Teil des Hauptvertrags, d. h. wenn der Hauptvertrag selbst ungültig ist, z. B. als Spielvertrag oder weil es gegen die guten Sitten verstößt (§ 138 BGB.), so sind auch die in den Bedingungen enthaltenen Einzelbestimmungen, z. B. daß ein Schiedsgericht über den vorliegenden Vertrag und die daraus fließenden Streitigkeiten anstatt des staatlichen Gerichts zu entscheiden haben solle, ungültig [5]).

§ 16.

Besonders häufig ist die Frage, wenn ein gegen „Treu und Glauben" verstoßendes Verhalten einer Partei vorliegt, behandelt worden bei Kreditzusagen, wie sie gerade im Bankgewerbe so häufig vorkommen, und zwar namentlich dann, wenn wegen wesentlicher Verschlechterung der Vermögensverhältnisse des Versprechensempfängers der Versprechende seine Zusage widerrufen hatte.

Man spricht dann in solchen Fällen, in denen also nicht ausdrücklich zwischen den Parteien vereinbart war, daß die Kreditzusage dann widerrufen werden könne, wenn der, dem der Kredit zugesagt wurde, in schlechte Vermögensverhältnisse gerate, davon, daß jedes solches Geschäft als mit der clausula rebus sic stantibus abgeschlossen sei, d. h. mit der stillschweigenden — also nicht in Worten zum Ausdruck gekommenen — Vereinbarung des Widerrufs bei Veränderung der Umstände, wie sie zur Zeit des Vertragsabschlusses bestanden.

Auch im BGB. ist für einen bestimmten Fall in § 610 dieser Grundsatz anerkannt: nämlich dann, wenn die Hingabe eines Darlehns versprochen worden ist, soll das Versprechen im Zweifel widerrufen werden können, wenn in den Vermögensverhältnissen des anderen Teils eine wesentliche

[5]) Entsch. RG. Bd. 58 S. 155. Über solche Geschäftsbedingungen im Verkehr der Banken und Bankiers mit ihrer Kundschaft vgl. den guten Artikel von Sontag, Bank-Archiv III. Jahrg. S. 181 ff.

Verschlechterung eintritt, durch die der Anspruch auf die Rückerstattung gefährdet wird. Eine ähnliche Bestimmung findet sich noch in § 321 BGB. für gegenseitige Verträge dann, wenn nach dem Vertrag (z. B. dem Kaufvertrag) der eine Teil vorzuleisten verpflichtet ist.

Nun erfolgt aber von den Banken eine solche Kreditzusage nicht nur dadurch, daß den Kreditsuchenden gerade versprochen wird, Geld darzuleihen, sondern auch auf verschiedene andere Art und Weise, z. B. durch das Versprechen, Wechsel des Kreditsuchenden einzulösen, zu akzeptieren usw. usw. Auch für alle derartigen Kreditzusagen hat sich nun auf Grund der kaufmännischen Gewohnheiten (§ 346 HGB., § 157 BGB.) die Auffassung ausgebildet, daß der Widerruf bei wesentlicher Verschlechterung der Vermögensverhältnisse des Versprechensempfängers zulässig ist.

Das Reichsoberhandelsgericht[1]) gibt dieser kaufmännischen Gewohnheit, dieser Verkehrssitte, in folgender Weise richtig Ausdruck: „Nach der insbesondere im kaufmännischen Verkehr bestehenden, einer gesunden Anschauung entsprechenden Auffassung ist es bei einem jeden nicht sofort zur Ausführung gelangenden Kreditgeschäft — wenn nicht etwa besondere Umstände auf ein anderes Ergebnis hinführen — eine selbstverständliche Voraussetzung wirksam bleibender Verbindlichkeit des Promittenten daß nicht, bevor die Kreditzusage zur Ausführung gelangt, Umstände in Betreff der Vermögensstellung des Promissars bekannt werden, welche diesen als so unsicher und die Gewährung des Kredits als so gefährdet erscheinen lassen, daß mit Bestimmtheit angenommen werden darf, der Promittent würde, wenn ihm diese Lage seines Kontrahenten schon bei dem Geschäftsabschlusse bekannt gewesen wäre, zu diesem sich nicht verstanden haben."

Dieser Rechtssatz gilt also neben dem § 610 BGB. Es ist aber wichtig, hierbei noch besonders hervorzuheben, daß dieser Satz nicht in Anwendung kommt, falls die Kreditzusage

[1]) Entsch. ROHG. Bd. 23 Nr. 48 S. 137.

bereits erfüllt, z. B. der Wechsel akzeptiert, das Darlehn gegeben war, und nun erst die Vermögensverschlechterung eintritt; in solchem Fall kann also der Kreditgewährende nicht am Ende die von ihm gemachte Leistung nun zurückfordern, Ungültigkeitserklärung derselben fordern. Dies könnte er nur dann, wenn bei Eingehung des Kreditvertrages schon die Vermögensverhältnisse seines Kontrahenten so schlechte gewesen wären, und er selbst sich im Irrtum hierüber befunden hatte; dann könnte er nach § 119 Abs. 2 BGB. den ganzen Vertrag anfechten, d. h. als von Anfang an ungültig vom Gericht erklären lassen (§ 142 BGB.), und nun daraufhin das bereits Geleistete zurückfordern.

Weiter ist aber hervorzuheben, daß dieser Satz dann nicht Anwendung findet, wenn „die Umstände" des konkreten Falles, d. h. die Auslegung, die Deutung desselben nach der Verkehrssitte, etwas anderes ergeben. Es ist schon vorher (S. 16) auf die Wichtigkeit dieser „Umstände" des Falles hingewiesen und darauf, wie nur durch deren Beachtung die wahre Bedeutung einer Willenserklärung (z. B. eines Vertrages) festgestellt werden kann; daß auch namentlich ein solcher „Umstand" ist der erkennbare wirtschaftliche Zweck, der mit einem Vertrag verfolgt wird. Gerade darin liegt die feinste juristische Kunst, stets solche „Umstände" zu erkennen und dann sie zu beachten und nicht, weil ein solcher allgemein lautender Satz, wie der S. 73 erwähnte, gefunden ist, diesen ohne Überlegung auf alle — anscheinend — darunter fallende Tatbestände anzuwenden.

Man hat daher, wenn es sich um die Frage handelt, wann eine bankmäßige Kreditzusage wegen veränderter Umstände widerrufen werden kann, zu unterscheiden:

1. Wenn eine Kreditzusage ohne Sicherung vorliegt. Hier besteht die Sicherheit des Kreditgebers, daß er einmal die gewährte Summe zurückerhält, lediglich im Vermögen des Kreditsuchenden; tritt nun nach Abschluß des Vertrages auf Kreditgewährung eine solche Vermögensverschlechterung des Kreditsuchenden ein, daß die Rückzahlung der zu gewährenden Summe gefährdet ist, so hat der Kreditgeber ein Widerrufsrecht der Zusage, d. h. er braucht die ver-

sprochene Leistung nicht zu machen. Dies gilt nach dem Vorausgeschickten also nicht nur für die Fälle, wo gerade Gewährung einer Geldsumme als Darlehn an den Gegner versprochen war, sondern in allen Fällen, wo der Kreditgeber bares Geld im Interesse des Kreditsuchenden aufzuwenden sich verpflichtet hatte, welches ihm später von diesem zurückzugeben ist, wie z. B. beim Versprechen der Einlösung von Wechseln des Kreditsuchenden, des Akzepts von Wechseln, die der Kreditsuchende auf ihn zieht. Denn für den Kreditgeber macht es keinen Unterschied, ob er sein Geld dem Kreditsuchenden direkt in die Hand gibt oder ob er es dem Vermögen des Kreditsuchenden dadurch zuwendet, daß er eine Schuld desselben auf sein Ansuchen zahlt.

Hier ist aber hervorzuheben, daß der an die Spitze gesetzte Satz der Verkehrssitte dann nicht Anwendung findet, wenn die Vermögensverschlechterung des Kreditsuchenden vor dem Abschluß der Kreditzusage eingetreten und dem Kreditgewährenden bekannt war[2]). Denn dann hat der Kreditgewährende eben durch seine Zusage trotz Kenntnis dieser Vermögensverhältnisse zu erkennen gegeben, daß er das Risiko der Kreditierung übernimmt.

2. Ist der Kredit gegen Sicherheit gewährt worden, z. B. gegen Hinterlegung von Wertpapieren, so kann hier wegen Verschlechterung der Vermögensverhältnisse des Kreditsuchenden selbstverständlich nicht gekündigt werden, da in solchem Fall eine Gefährdung, wie sie der erwähnte Satz zu seiner Anwendung verlangt, nicht eintritt; sie ist durch die gewährte Sicherheit ausgeschlossen.

3. Ist der Kredit gegen Hinterlegung von Wertpapieren gewährt und beim Abschluß des Kreditvertrags vereinbart, bis zu welcher Höhe Kredit gegeben werden solle, so ist das Regelmäßige, das Gewöhnliche, daß der Bankier für solche Fälle auch weiter ausdrücklich vereinbart, es müsse beim Sinken des Kurswertes der Papiere sofort für eine entsprechende Erhöhung der Sicherheit gesorgt werden,

---

[2]) Vgl. den interessanten Fall Entsch. RG. Bd. 68, S. 185 ff. betr. einen sog. revolvierenden Akzeptkredit.

sonst solle er das Recht haben, die Sicherheit zu verkaufen und den durch den Verkauf nicht gedeckten Teil seiner Forderungen sofort einzuziehen.

Dadurch, daß immer und immer wieder gleichmäßige Vereinbarungen bei gleichen Tatbeständen abgeschlossen werden, entwickeln sich „Verkehrssitten", „Usancen" (§§ 157 BGB., § 346 HGB.)[3]), denen gemäß dann die Bedeutung solcher Verträge, auch wenn sie derartige besondere weitere Vereinbarungen nicht enthalten, festgestellt, denen entsprechend die Lücken des Vertrags ausgefüllt werden.

Wenn man nun auch nicht annehmen will, daß sich eine Verkehrssitte unter Kaufleuten dahin entwickelt hat, daß, wenn Kredit nach bestimmter Höhe gegen Hinterlegung von Wertpapieren zugesagt und gewährt ist — auch ohne besondere Vereinbarung —, dem Bankier beim Sinken der Kurse das Recht zusteht, die gewährten Summen, insoweit sie nicht durch den Verkaufserlös der Wertpapiere gedeckt sind oder eine Erhöhung der Sicherheit erfolgt, sofort zurückzufordern, so wird man wohl wenigstens eine Verkehrssitte dahin gehend annehmen müssen, daß, wenn ein Bankier Kredit nach bestimmter Höhe gegen Hinterlegung von Wertpapieren zugesagt hat, er beim Fallen der Kurse insoweit nicht zur Gewährung verpflichtet ist, also seine Zusage insoweit widerrufen darf, als die Papiere den Kredit nicht mehr decken, auch wenn eine Verschlechterung in den Vermögensverhältnissen seines Gegners nicht eingetreten ist. Denn dadurch, daß er nur gegen eine solche Sicherheit den Kredit zusagt, gibt er zu erkennen, daß er nicht die Vermögensverhältnisse des Kreditsuchenden berücksichtigt, sondern den Kredit nur im Hinblick auf den Wert der Papiere gewährt. Mindert sich dieser so wesentlich, daß es wahrscheinlich ist, daß er aus dem Erlös derselben keine Deckung erhält, so liegt der Fall ganz ähnlich, wie ihn der — S. 73 — erwähnte Verkehrssatz verlangt. Deshalb wird man ihm also auch dieses Widerrufsrecht einräumen müssen.

---

[3]) Danz, Die Auslegung der Rechtsgeschäfte. S. 85.

4. Anders liegt die Sache beim Kreditbrief. Läßt sich jemand vom Bankier einen Kreditbrief ausstellen, so ist hier zweifellos der erkennbar wirtschaftliche Zweck, den er damit verfolgt, der, daß er mit diesem Kreditbrief genau so gestellt sein will, als hätte er bares Geld in der Tasche nach Höhe der Summe, auf welche der Kreditbrief lautet. Er nimmt kein bares Geld mit, weil ihm dies leicht verlorengehen oder gestohlen werden kann; er will mit dem Kreditbrief — das ist erkennbar für jeden Dritten, also auch für den Bankier — etwas erlangen, was ihn vor solchen Fährlichkeiten bewahrt und ihn so stellt, als habe er stets bares Geld in der Hand. Gibt daher der Bankier dem Ansuchenden einen Kreditbrief — ohne dabei etwas anderes ausdrücklich mit ihm auszumachen —, so hat die Hingabe nun die Bedeutung, daß er sich verpflichtet, ihn durch den Brief in die gleiche Lage zu versetzen, als wenn er bares Geld bei sich führe. Deshalb kann hier der oben (S. 73) erwähnte Rechtssatz nicht Platz greifen, sei es, daß der Bankier dem Kunden mit der Ausstellung des Briefes persönlich Kredit gegeben hat und die Vermögensverhältnisse des Kunden sich verschlechtern, sei es, daß er den Kredit gegen Hinterlegung von Wertpapieren gewährt hat, und der Kurs der Wertpapiere sinkt. Der Bankier ist solchen Falles nicht berechtigt, den Kreditbrief dadurch illusorisch zu machen, daß er seine Anweisung der Bank gegenüber, auf welche der Kreditbrief lautet, widerruft[4]).

§ 17.

Nach § 57 BG. gilt ein nicht verbotenes Börsentermingeschäft als von Anfang an verbindlich, wenn der eine Teil bei oder nach dem Eintritte der Fälligkeit sich dem anderen Teile gegenüber mit der Bewirkung der vereinbarten Leistung einverstanden erklärt und der andere Teil diese Leistung an ihn bewirkt hat.

Viele Banken verfahren nun in den Fällen, wenn ein von ihnen geschlossenes Börsentermingeschäft nicht durch Reali-

---

[4]) Vgl. Danz, Bank-Archiv, VI. Jahrg. 1908, S. 97 ff.

sierung mittels Gegengeschäfts, sondern durch effektive Abnahme der gekauften Stücke zur Abwickelung gelangen soll, in der Weise, daß sie ein Benachrichtigungsschreiben übersenden, nach dem sie die gekauften Stücke für den Kunden ins Depot genommen haben, und ihn ersuchen, auf einem beigefügten Formular sein Einverständnis zu erklären. Ein solches Schreiben der Bank schließt dann meist mit den Worten:

> „Geht diese Ihre Zustimmungserklärung nicht binnen fünf Tagen bei uns ein und hören wir innerhalb dieser Frist nicht Gegenteiliges von Ihnen, so werden wir Ihr Einverständnis mit unseren Aufgaben voraussetzen.“

Es ist nun schon jetzt bestritten, ob in solchem Falle das Schweigen des Kunden auf das Schreiben als eine Einverständniserklärung, wie sie § 57 BG. fordert, auszulegen ist oder nicht — vgl. einmal die Kommentare von Staub (Nachtrag, betr. die Börsentermingeschäfte) S. 29 Anm. 45 und von Apt (Börsengesetz) S. 189, 2, andererseits Neukamp (Kommentar z. BG. auf Veranlassung des Centralverbandes des deutschen Bank- und Bankiergewerbes bearbeitet von Rehm, Trumpler usw.) S. 252 Anm. 11. —

Ist schon in den, dem Kunden vor Abschluß des Geschäfts übergebenen „allgemeinen Geschäftsbedingungen“ die Bestimmung enthalten, daß das Schweigen in solchen Fällen zwischen den Parteien als „Einverständnis“ gelten solle, so ist eben durch die Annahme der „Geschäftsbedingungen“ nunmehr vereinbart, daß das Schweigen diese Bedeutung zwischen ihnen haben solle, und das Schweigen ist deshalb in diesem Sinne zu deuten[1]). Denn es steht den Parteien völlig frei zu vereinbaren, welche Bedeutung einzelne zwischen ihnen gebrauchte Worte oder welche Bedeutung ein besonderes Verhalten zwischen ihnen haben solle, und ist eine solche Vereinbarung getroffen, so gilt zwischen ihnen diese Bedeutung, nicht die gemeingewöhnliche der Worte oder des Verhaltens.

Dieser Fall scheidet also bei der Erörterung des hier in Frage kommenden Tatbestandes völlig aus.

---

[1]) Danz, Die Auslegung der Rechtsgeschäfte, S. 59 Nr. 4 und oben S. 67 ff.

Es soll hier nur der im Leben häufigste Fall, wenn das Börsentermingeschäft zwischen einem Privatmann und einem Bankier abgeschlossen ist, zur Erörterung kommen. In diesem Fall können — was hier wieder hervorzuheben ist — zur Auslegung der vorliegenden Willenserklärungen nicht die im Handelsverkehr geltenden Gewohnheiten und Gebräuche berücksichtigt werden, da dies nach § 346 HGB. nur zulässig ist, wenn beide Parteien Kaufleute sind.

Wohl kann aber hier der allgemeine, also auch für den Verkehr zwischen Kaufmann und Nichtkaufmann geltende Auslegungssatz[2]) in Frage kommen, daß, wenn zwischen zwei Personen längere Zeit hindurch ein gleichmäßiges Verhalten, ein gleichmäßiges Handeln stattgefunden hat, dem eine bestimmte Bedeutung im Leben zugeschrieben wird, bei gleichem Tatbestand solches Verhalten auch in dieser Bedeutung vom Richter zu nehmen ist, falls nicht von der einen Partei der anderen vorher erklärt ist, daß sie von diesem Verhalten nun abstehen wolle. Besteht zwischen Privatmann und Bankier also eine längere Geschäftsverbindung, bei welcher der Kunde auf derartige Erklärungen des Bankiers hin immer geschwiegen hat, bei welcher aber dieses Schweigen von den Parteien stets als Einverständniserklärung aufgefaßt, d. h. ausgelegt, gedeutet ist, so gilt jedenfalls nun deshalb bei weiteren gleichartigen Geschäften das Schweigen des Kunden als Einverständniserklärung im Sinne von § 57 BG. Es fragt sich nun, wie dann, wenn keine solche längere Geschäftsverbindung zwischen den Parteien besteht, und demnach der eben erwähnte Auslegungssatz nicht Anwendung finden kann, zu entscheiden ist, also wenn nur ein Börsentermingeschäft abgeschlossen ist oder nur einige abgeschlossen sind, welche die Anwendung des eben erwähnten Auslegungssatzes nicht gestatten?

§ 57 BG. geht davon aas, duß unwirksame — nicht verbotene — Börsentermingeschäfte einen klagbaren Anspruch für keine der Parteien zur Entstehung bringen. Dieser Zustand

---

[2]) Danz, Die Auslegung der Rechtsgeschäfte S. 100 u. oben S. 41.

ändert sich mit dem Moment, wo der eine Teil erfüllt hat, vorausgesetzt, daß der andere Teil sich mit der Bewirkung der vereinbarten Leistung einverstanden erklärt hat; nun ist das ganze Geschäft durchaus gültig, der Leistende kann jetzt also daraus die ihm geschuldete Gegenleistung fordern.

Wie wird nun im Leben, im Verkehr ein solches Einverständnis regelmäßig, gewöhnlich verkehrsüblich (§ 157 BGB.) erklärt, und zwar einerlei, ob es sich um Erfüllung eines klagbaren oder nicht klagbaren Vertrags handelt?

Erkläre ich dem A mündlich, ich wolle ihm meine Uhr schenken und stimmt der A dem zu, so wird durch diese Vereinbarung für den A keine klagbare Forderung, für mich keine klagbare Verpflichtung erzeugt, weil nach § 518 BGB. ein Schenkungsversprechen nur dann solche zur Entstehung bringt, wenn das Versprechen gerichtlich oder notariell beurkundet ist; der Mangel der Form wird aber durch die Bewirkung der versprochenen Leistung geheilt. Übergebe ich also nach diesem Versprechen nun die versprochene Uhr dem A, und steckt dieser sie ohne ein Wort zu sagen ein, so erklärt er damit so deutlich wie nur möglich, daß er „mit der Bewirkung der vereinbarten Leistung einverstanden sei“ (§ 57 BG.). Worte werden zur Erklärung des Einverständnisses mit der Leistung bei dem Leisten des versprochenen Gegenstandes überhaupt nicht gesprochen. Wenn bei der Leistung des als Geschenk Versprochenen regelmäßig der Beschenkte die Worte „ich danke“ ausspricht, so will er damit nur seine Erkenntlichkeit für die unentgeltliche Gabe aussprechen; eine Erklärung des Annahmewillens liegt überhaupt nicht in diesen Worten, da sie verkehrsüblich eben so auch zur Ablehnung gebraucht werden, z. B. in der Gesellschaft beim Anbieten von Speisen. Bei Erfüllung von entgeltlichen Verträgen fallen auch diese Worte weg; da wird die Einverständniserklärung nicht durch Worte, sondern durch Annahme und Behalten der Leistung, also stillschweigend, d. h. durch dieses, nicht aus Worten bestehende Verhalten abgegeben.

Will der, dem die Leistung versprochen war, diese Deutung

solchen Verhaltens ausschließen, so muß er in Worten das Gegenteil bei der Entgegennahme der Leistung erklären oder die Leistung realiter zurückweisen.

Sendet der Bankier also dem Kunden die verlangten Papiere zu, so erklärt er damit, daß er seine aus dem Kaufvertrag für ihn entsprungene Verpflichtung zur Eigentumsübertragung an den Papieren erfüllen wolle; nimmt der Kunde sie an und behält sie, d. h. sendet sie nicht sofort zurück, so liegt hierin, in diesem Verhalten nach den obigen Ausführungen die von § 57 BG. geforderte Einverständniserklärung. Hat der Kunde sich so verhalten, und wird nun vom Bankier auf Grund von § 57 BG. die Gegenleistung gefordert, so kann der Kunde selbstverständlich diese nicht mit der Behauptung und ev. den Beweis abwehren, daß er mit dem Behalten der zugesandten Stücke nicht sein Einverständnis mit der Erfüllung der vereinbarten Leistung habe erklären wollen; dies würde eine sog. Mentalreservation darstellen, welche keine Rechtswirkung hat und bei der Auslegung nach § 157 BGB. als Treu und Glauben und der Verkehrssitte widersprechend nicht zu beachten ist. Die Auslegung nimmt eben immer die verkehrsübliche Bedeutung an, und der Verkehr deutet dieses Verhalten als Einverständniserklärung. Das Annehmen und Behalten der versprochenen Leistung wird nur in seltenen Fällen, beim Vorliegen besonderer Umstände, nicht als Einverständniserklärung mit der Leistung ausgelegt werden können, so z. B. in dem Fall Entsch. RG. Bd. 66 S. 282 ff., wo es sich um Lieferung eines fehlerhaften Gasmotors handelte; bei Leistung von Wertpapieren oder Geld — um solche Leistungen handelt es sich ja nur im Fall des § 57 BG. — wird ein solcher Ausnahmefall wohl nie vorkommen.

Nun kann aber die Übertragung des Eigentums an den gekauften Papieren auf den Kunden durch den Bankier auch im Wege des § 930 BGB. erfolgen, d. h. dadurch, daß der Bankier die Papiere in eine mit dem Namen des Kunden bezeichnete Mappe oder Schleife einlegt oder in sonst äußerlich hervortretender Weise eine Inverwahrungsnahme für den

Kunden an den Tag legt (Entsch. RG. Bd. 52, 130; Bd. 63, 405). Man wird, da § 57 BG., um den bisher klaglosen Vertrag zum klagbaren zu machen, eine bei oder nach dem Eintritte der Fälligkeit erfolgte Einverständniserklärung verlangt, eine Erklärung, welche man vielleicht in dem Auftrag zum Erwerb der Papiere finden könnte, nicht für genügend ansehen dürfen, vielmehr die Abgabe einer nach dem Erwerb der Papiere durch den Bankier erfolgten Einverständniserklärung fordern müssen, die aber wie jede Erklärung durch Worte oder stillschweigend, d. h. durch ein besonderes, vom Verkehr als Erklärung gedeutetes Verhalten erfolgen kann.

Wie ist nun beim Vorliegen des im Anfang dieses Absatzes angeführten Tatbestandes zu entscheiden?

Zunächst ist klar, daß, wenn jemand mir eine Offerte zum Abschluß eines Vertrags macht und mir dabei mitteilt, er werde mein Schweigen während einer bestimmten Zeit als Zustimmung auffassen, mein Schweigen während dieser Zeit nicht als Annahme der Offerte, als Abschluß des Vertrags zu deuten ist. Denn das Schweigen bedeutet eben verkehrsüblich in solchem Fall Nichtannahme, und der Offerent kann diese Bedeutung nicht durch seine einseitige Erklärung, er werde mein Schweigen als Annahme auffassen, ändern[3]).

In unserem Fall handelt es sich aber gar nicht um eine „Offerte" im technischen Sinne, d. h. in dem Ansinnen an eine Person, einen Vertrag abzuschließen, in vertragliche Verbindung mit ihr zu treten (§ 145 BGB.); die Parteien sind ja hier längst in vertraglicher Verbindung. Das Schreiben des Bankiers enthält vielmehr lediglich die Anzeige, daß er die ihm obliegende Leistung in gewisser Weise erfüllt habe. Weil er auch noch in anderer Weise erfüllen kann, nämlich durch Über-

---

[3]) Wenn Neukamp a. a. O. in dem Schreiben des Bankiers an den Kunden einen „Antrag" sehen will, so liegt der Fehler darin, daß er zunächst „konstruiert", während in allen Fällen zunächst die Auslegung nach der Verkehrssitte zu erfolgen hat, die sog. Konstruktion aber erst dieser nachzufolgen hat, um zu einem richtigen Resultat zu gelangen Vgl. Danz, Die Auslegung S. 114 ff.

senden der Wertpapiere, darum fragt er beim Kunden an, ob diesem diese Art der Erfüllung (durch Indepotnahme) recht sei.

Deshalb weil auch die Erfüllung eines Vertrages Übereinstimmung des Willens wie die Schließung eines solchen insofern verlangt, als bei Ablehnung der Annahme der vereinbarten Leistung als Erfüllung keine Erfüllung des Schuldverhältnisses vorliegt, d. h. kein Erlöschen des Schuldverhältnisses eintritt, wird eine, so wie hier erfolgte Erfüllungsanzeige noch nicht zur Offerte zum Abschluß eines Vertrags.

Wie nun das Behalten der Wertpapiere, wenn sie der Bankier dem Kunden zugesendet hat, zweifellos als die (stillschweigende) Erklärung zu deuten ist, daß der Kunde mit dem Bewirken dieser vereinbarten Leistung sich einverstanden erklärt, so kann auch sein Schweigen auf die Anzeige der Erfüllung durch Hinnahme der Stücke ins Depot nicht anders ausgelegt werden. Wollte man dem Kunden gestatten, zunächst zu schweigen und dann noch nach beliebiger Zeit dem Bankier zu erklären, daß er, der Kunde, nicht einverstanden wäre mit der Bewirkung der Leistung, so würde damit der Kunde das Recht erhalten, auf Kosten des Bankiers zu spekulieren: er könnte dem Bankier, der aus dem Schweigen auf die Erfüllungsanzeige annehmen mußte, daß der Kunde die gemachte Leistung behalten will, durch eine spätere, nach dem Fallen der Kurse abgegebene Erklärung, er sei nicht einverstanden mit der Leistung, den durch das Fallen des Kurses entstandenen Schaden aufbürden. Das Zulassen einer solchen Auslegung würde offenbar mit Treu und Glauben, mit dem Verhalten anständiger Männer in Widerspruch stehen, und ein derartiges Recht ist auch sicher nicht den Parteien durch § 57 BG. gegeben. Denn hierin ist nur bestimmt, daß jede Partei bis zur effektiven Erfüllung aus dem Vertrag nicht gebunden ist, eine Bindung auch nicht dadurch herbeigeführt wird, daß der eine Teil die Effektiverfüllung versucht, sondern erst dann, wenn diese mit Einverständnis des andern Teils erfolgt, d. h. eben die Effektiverfüllung angenommen ist. Mit dieser freiwilligen Annahme der Effektiverfüllung wird der ursprünglich klaglose Vertrag nun völlig gültig. Daß auch da, wo § 57 BG. in

Anwendung kommt, die Auslegung des Verhaltens der Parteien, insoweit es eine Willenserklärung darstellt, keine andere sein kann, als in allen anderen Fällen, liegt auf der Hand; mit der Auslegung hat dieser § überhaupt nichts zu schaffen.

Der § 57 BG. hat ja auch nicht die Tendenz, gerade den Bankier dem Kunden gegenüber schlechter zu stellen, als den Kunden ihm gegenüber. Die effektive Erfüllung, mag sie vom Kunden oder vom Bankier geschehen, macht stets aus dem bisher klaglosen Vertrag einen klagbaren. Und wie man zweifellos das Schweigen des Bankiers auf die Einsendung des Kaufpreises, d. h. auf Erfüllung der vereinbarten Leistung durch den Kunden als die in § 57 BG. geforderte Einverständniserklärung auszulegen hat, so kann man selbstverständlich, wenn die Erfüllung vom Bankier ausgeht, hierfür keine anderen Auslegungssätze gelten lassen.

Schweigt also der Kunde während der in dem Schreiben des Bankiers gesetzten — angemessenen — Frist, so hat er durch dieses Verhalten sein Einverständnis erklärt und ist nun klagbar verpflichtet, die Gegenleistung zu machen.

§ 18.

Insoweit die vorstehenden Ausführungen sich speziell mit Bankiergeschäften beschäftigen, sollen sie natürlich nur Beispiele sein für die im Anfang der Abhandlung entwickelten allgemeinen Grundsätze; sie sollen zeigen, wie diese in einzelnen speziellen Fällen angewendet werden müssen. Bei den unzähligen, stets verschiedenen Gestaltungen, die das Leben täglich hervorbringt, läßt sich ja überhaupt eine, auch nur annähernde Vollständigkeit nicht erreichen.

Durch alles das vorher Ausgeführte dürfte aber der Beweis geführt sein, daß, wenn man behauptet, der heutige Geschäftsverkehr werde von der Rücksicht auf Treu und Glauben beherrscht, dies keine hohle, nichtssagende Phrase ist, daß vielmehr für die Frage, ob in dem einzelnen Fall ein Handeln oder eine Entscheidung des Richters gegen „Treu und Glauben" verstößt, es einen ganz bestimmten Maßstab gibt, nach welchem diese Frage zu beantworten ist.

Diesen Maßstab bildet das verkehrsübliche gewohnheitsmäßige Handeln aller unserer Volksgenossen oder bestimmter Kreise derselben. Dadurch daß der Einzelne in diesen Gewohnheiten aufwächst, in ihnen lebt, entsteht in ihm das Gefühl, daß gerade das diesen Gewohnheiten entsprechende Handeln das rechte, das dem Rechte entsprechende sei. Verstößt das Handeln einer Person nun gegen dieses gewohnheitsmäßige Handeln, z. B. dadurch, daß sie nicht das, zu dem sie nach diesen Gewohnheiten verpflichtet erscheint, leisten will, so wird dadurch dieses Rechtsgefühl verletzt; wir reden von einem „gegen Treu und Glauben" verstoßenden Verhalten dieser Person. Der Grund für solches Urteil, welches wir gewonnen haben, liegt aber immer in den Verkehrssitten, den Verkehrsgewohnheiten, in denen wir leben. Diese sind deshalb so wichtig, weil nicht nur die Gesetze in der Hauptsache gar nichts anderes enthalten als das Recht, welches sich auf Grund solcher Gewohnheiten bereits entwickelt hat, und nach welchen bereits vor der schriftlichen Fixierung im Gesetz gelebt und entschieden worden ist, sondern vor allem, weil solche Verkehrssitten sich stets neu bilden mit Veränderung der Lebensverhältnisse und daher, wenn nach ihnen entschieden wird, auch die Entscheidung stets dem Rechtsgefühl ihrer Zeit entsprechen muß.

Eine solche Rechtsprechung verlangt freilich, wie nach dem Ausgeführten selbstverständlich ist, eine genaue Kenntnis des Juristen vom Leben der Menschen und ein scharfes Auge und ein feines Gefühl, um aus dem pulsierenden Leben, aus dem regelmäßigen Verhalten der Menschen unter bestimmten Umständen die Rechtssätze zu finden, nach denen er entscheidet. Das ist die höchste juristische Kunst, die aber wie jede Kunst gelernt sein will. Alle die Urteile, die unser Rechtsgefühl gröblich verletzen, leiden ganz regelmäßig an dem Fehler, daß diese Kunst, die Kunst der Auslegung, nicht richtig oder gar nicht angewandt worden ist.

Handelt es sich um die Beurteilung von Lebensgewohnheiten, die sich in bestimmten, dem Juristen fernstehenden Erwerbszweigen gebildet haben, so muß er daher sich hiervon erst vor der Entscheidung Kenntnis verschaffen, um ein richtiges, „Treu und Glauben" entsprechendes Urteil abgeben zu können: er muß wissen, wie es gewöhnlich, regelmäßig hier gehalten, wie da regelmäßig, gewöhnlich gehandelt zu werden pflegt. Werden nun auf Grund solcher Kenntnisse und entsprechend den Lebensgewohnheiten der Menschen die Urteile gefällt, so müssen sie mit dem Rechtsgefühl harmonieren; nur durch solche Urteile wird der Grundsatz von „Treu und Glauben im Verkehr" aufrecht erhalten.

Kolibri 360 GmbH
Ferdinand-Jühlke-Straße 7
99095 Erfurt, Deutschland
produktsicherheit@kolibri360.de